JN002904

　本書は、世界最大のニュース専門テレ〔　　　　　　　　　　　　　〕ース
を20本選りすぐって収録したものです。1本は、集中力を切らさずに聞き通せる、
30秒ほどの長さになっています。

　ダウンロード方式でご提供するMP3音声には、CNNの放送そのものである「ナ
チュラル音声」のほか、ナレーターがゆっくり読み直した音声が「ポーズ（無音の
間）入り」と「ポーズなし」で収められています。これら3パターンの音声を使っ
てリスニング練習を行うと、世界標準のニュース英語がだれでも聞き取れるように
なるはずです。［30秒×3回聞き］方式と本書が呼ぶこのリスニング練習には、
通訳者養成学校でも採用されているサイトトランスレーションや区切り聞き、シャ
ドーイングといった学習法が取り入れられているからです。

　日本語訳を見て英語に戻す「反訳」を行うことで、発信型の練習もできます。

　巻頭に「3つの効果的な学習法」および「本書の構成と使い方」という記事があ
るので、実際の練習に入る前に目を通しておくことをお勧めします。

　なお、アメリカ英語（カナダ英語を含む）、イギリス英語（南アフリカ英語を含
む）、オーストラリア英語のニュースがバランスよく配分されていることも本書の
特長です。発信地も、アメリカとイギリスはもとより、日本やミャンマー、オー
ストラリア、ドイツなど多彩ですから、最後まで興味深く聞き進められるでしょう。

　TOEIC®テスト形式の問題や発音の解説、重要ボキャブラリーやニュースの関連
情報なども掲載されています。活用し、より正確な理解の助けとしてください。

　また、本書のご購入者にはMP3音声と併せて電子書籍版(PDF)も無料で提供させ
ていただきます。入手方法は巻末にありますので、ご覧ください。

　最後に、本書収録のコンテンツは月刊英語学習誌『CNN English Express』の記事・
音声を再編集したものであることをお知らせしておきます。新鮮なニュースと役
立つ学習情報満載の雑誌は、本書と並行してご使用いただいても有益です。

2021年9月
『CNN English Express』編集部

CONTENTS

　本書は「30秒×３回聞き」方式を採用しています。これによって、だれでも世界標準の英語ニュースが聞き取れるようになるはずです。

　「30秒×３回聞き」方式とは、30秒という集中力が途切れない長さのニュースを、３種類の音声で聞くというものです。そのためダウンロード方式でご提供するMP3音声には、各ニュースが「ナチュラル音声」、「ゆっくり音声（ポーズ入り）」、「ゆっくり音声（ポーズなし）」という３種類で収録されています。また、文字としてもそれらに対応する形の英文が掲載されています。

　これらの音声や英文は、ただ単に聞いたり読んだりするのではなく、以下に示すサイトトランスレーション、区切り聞き、シャドーイングという３つの学習法と結びつけることで高い効果を生むようになっています。

❶速読能力が高まるサイトトランスレーション

　俗に「サイトラ」と呼ばれます。英語でつづるとsight translationです。sightは、名詞として「視力、視覚」、形容詞として「見てすぐの、初見での」という意味を持ちます。目にしたところからすぐに訳していくのがsight translationです。

　サイトラの練習では、英文を頭から語順通りに目で追い、情報・意味の区切り目と思われる個所にスラッシュ（／）を書き入れ、区切られた部分をすぐに訳します。それを英文の最後まで次々と繰り返すのですが、こうした訳し方を「順送りの訳」と呼ぶこともあります。

　なお、英文をどのくらい細かく区切るか、どこを情報・意味の区切り目としてスラッシュを入れるかは人それぞれでよく、絶対的なルールがあるわけではありません。

利点・効能 ｜ サイトラを行うと、書かれた英文がその語順通りに理解できるようになり、自然と「速読」に結びつきます。そして、英文を素早く理解できるようになるということは、英文を英文としてそのまま理解できるということにつながっていきます。また、「読んで分からないものは聞いても分からない」という原則に従えば、サイトラの速読能力が「区切り聞き」で養う速聴能力の土台になるといえます。

本書での学習法 ｜ 本書では、各ニュースに、普通の英文とスラッシュで区切られた

英文、およびそれらの訳文を掲載しています。まずはスラッシュで区切られた英文を順番にどんどん訳していき、掲載の訳文で正しく理解できたか確認しましょう。

　本書で示されたスラッシュの入れ方や訳文はあくまで一例です。これに従ってしばらく練習しているとサイトラのやり方が感覚的につかめてきますので、やり方が分かったら、普通の英文を自分なりの区切り方で訳してみると、よい練習になります。また、区切られた日本語訳の方を見ながら順番に英語に訳していく「反訳」（日→英サイトトランスレーション）を行うと、英語での発信能力が格段に向上します。

練習のポイント ｜ サイトラはなるべく素早く行うことが大切です。英文は「読んだ端から消えていくもの」くらいに考えて、次々と順送りの訳をこなしていきましょう。そうしているうちに読むスピードが速くなるはずですし、区切り聞きにもつながります。

❷ 速聴能力が高まる区切り聞き

　サイトラをリスニングのトレーニングに応用したのが、「区切り聞き」と呼ばれる学習法です。サイトラでは英語が目から入ってきましたが、区切り聞きでは英語が耳から入ってくることになります。

　区切り聞きの場合、英文にスラッシュを入れる代わりに、情報・意味の区切り目と思われる個所でオーディオプレーヤーを一時停止させ、すぐに訳します。その部分を訳し終えたら再び音声を先に進め、同様の作業を繰り返していきます。

利点・効能 ｜ 区切り聞きを行うと、話された英文がその語順通りに理解できるようになり、自然と「速聴」に結びつきます。そして、英文を素早く理解できるようになるということは、英文を英文としてそのまま理解できるということにつながっていきます。

本書での学習法 ｜ だれでも英語ニュースが聞き取れるようになるよう、本書では区切り聞き練習を重視しています。ご提供するMP3音声に収録されている「ゆっくり音声（ポーズ入り）」を利用することで、オーディオプレーヤーを自分でいちいち一

時停止させる面倒がなくなり、区切り聞きがしやすくなっています。ポーズ（無音の間）の位置はサイトラのスラッシュと同じにしてありますが、ポーズで区切られた部分を素早く訳していきましょう。

MP3音声には、各ニュースが「ナチュラル音声」、「ゆっくり音声（ポーズ入り）」、「ゆっくり音声（ポーズなし）」の順番で入っています。まずは「ナチュラル音声」を聞いて全体の内容を推測し、次に「ゆっくり音声（ポーズ入り）」を使った区切り聞きで部分ごとに順番に理解できるようになり、その後「ゆっくり音声（ポーズなし）」で全体を頭から素早く理解していくことができるかどうか試してみてください。

なお、最後には、全ニュースのナチュラル音声だけを集めて、もう一度収録してあります。これらを頭から素早く理解していけるようになるのが最終目標です。

練習のポイント ｜ 音声は流れる端から消えていってしまいます。英文を後ろから前に戻って理解するなどということはできないため、耳に入った文を瞬時に理解する英語力と集中力が求められます。このトレーニングによってリスニング力は必ず向上するので、集中力を高める訓練をするつもりで挑戦してみましょう。

特にニュースを聞く場合、背景知識があると情報がすんなりと頭に入りますから、日ごろからいろいろな記事について興味を持っておくことも大切です。本書には「ニュースのミニ知識」や「ワンポイント解説」が掲載されているので、役立ててください。

英文は論理的と言われますが、特にニュースでは、全体の起承転結の流れはもちろん、ひとつのセンテンスの中でも、「①だれ（何）が ②だれ（何）に対して ③何を ④いつ ⑤どこで」という情報がかなり秩序だって含まれています。このような情報を意識して聞くと、リスニングも楽になります。

❸総合力を養うシャドーイング

シャドーイングは英語でshadowingとつづります。shadowという語には動詞として「影のように付いていく」という意味がありますが、学習法としてのシャドーイングは、聞こえてくる英語音声を一歩後から追いかけるようにリピートしていくものです。オリジナルの英語音声に遅れないように付いていく様子が「影」のような

で、こう名づけられました。

利点・効能 ｜ シャドーイングは、今聞いた音声をリピートしながら、同時に次の音声のリスニングも行うというものなので、アウトプットとインプットの同時進行になります。そのため同時通訳のトレーニングとして普及しましたが、一般の英語学習者にも有益であることがいろいろな研究で認められています。

　通常のリスニング練習は学習者が音声を聞くだけ、すなわち受動的なやり方であるのに対し、シャドーイングは学習者の参加を伴うもの、いわば能動的な学習法です。この能動的な学習法は、受動的なものに比べ、よりいっそう集中力を高める訓練になり、リスニング力を向上させます。また、正しい発音やイントネーションを身につける訓練にもなり、ひいてはスピーキング力を高めるのにも役立ちます。

本書での学習法 ｜ シャドーイングは難易度の高い学習法なので、「ナチュラル音声」でいきなり練習するのではなく、最初は「ゆっくり音声（ポーズなし）」を利用するのがよいでしょう。それでも難しいと感じる人も多いでしょうから、「ゆっくり音声（ポーズ入り）」から始めるのも一案です。ポーズが入った音声を用いるのは本来のシャドーイングとは違うという考え方もありますが、無理をして挫折することのないよう、できることから始めてください。

練習のポイント ｜ シャドーイングでは、流れてくる音声を一字一句リピートしなければならないため、ひとつひとつの単語に神経を集中するあまり、文全体の意味を把握できなくなることがよくあります。きちんと論旨を追いながらトレーニングすることが大切です。

　ただし、区切り聞きのように日本語に順次訳していこうと思ってはいけません。英語を正確に聞き取り、正確な発音とイントネーションでリピートしようとしているときに、頭の中に日本語を思い浮かべていては混乱するだけだからです。シャドーイングには、区切り聞きから一歩進んで、英語を英語のまま理解する力が必要になってきます。

　もしも英語でのシャドーイングがどうしても難しすぎるという場合は、まず日本語でシャドーイングする練習から始めてみましょう。

本書では各ニュースに2見開き(4ページ)ずつ割り振ってありますが、それぞれの見開きは以下のように構成されています。

| パターンA

① MP3音声のトラック番号

ダウンロード方式でご提供するMP3音声には、各ニュースが「ナチュラル音声」、「ゆっくり音声(ポーズ入り)」、「ゆっくり音声(ポーズなし)」という3種類で収録されています。また、MP3音声の最後には、全ニュースのナチュラル音声だけを集めて、もう一度収録してあります。これらのうち「ゆっくり音声(ポーズ入り)」を除いたトラック番号が最初の見開きに示されています。「ゆっくり音声(ポーズ入り)」のトラック番号は次の見開きにあります。

なお、「ナチュラル音声」はCNNの放送そのままですが、「ゆっくり音声」は学習用にプロのナレーターが読み直したものです。

② アクセント

「ナチュラル音声」のアクセント、すなわちCNNキャスターのアクセントを表しています。本書は、アメリカ英語(カナダ英語を含む)のニュース10本、イギリス英語(南アフリカ英語を含む)のニュース5本、オーストラリア英語のニュース5本をピックアップし、アクセント別に構成してあります。これらのアクセントはTOEIC® L&Rテストのリスニングセクションにも採用されているので、受験対策としても役立ちます。

なお、「ゆっくり音声」のナレーターは基本的にアメリカ英語です。

③ ニュースのトランスクリプト

「ナチュラル音声」で30秒前後の短いCNNニュースのトランスクリプト(音声を文字化したもの)です。重要ボキャブラリーで取り上げている語には色をつけてあります。

④ リスニングのポイント

このニュースに見られる音の変化や発音の特徴などが解説されています。アメリカ英語の最初のニュース2本およびイギリス英語とオーストラリア英語の最初のニュースだけに付いている記事です。

⑤ ニュースの日本語訳

③のトランスクリプトに対応した日本語訳です。

⑥ 重要ボキャブラリー

各ニュースから5つずつ取り上げています。ニュースの文脈の中で使い方やニュアンスをつかみながら、ボキャブラリーを増やしていきましょう。なお、巻末には「ボキャブラリー・チェック」が付いていますので、復習に利用してください。

⑦ ニュースのミニ知識

このニュースの背景や関連情報が記載されています。背景知識があると、英語を聞いたときに情報がすんなりと頭に入ります。

⑧ ニュースの発信地

ニュースの舞台となっている国・地域または団体・組織などを示します。

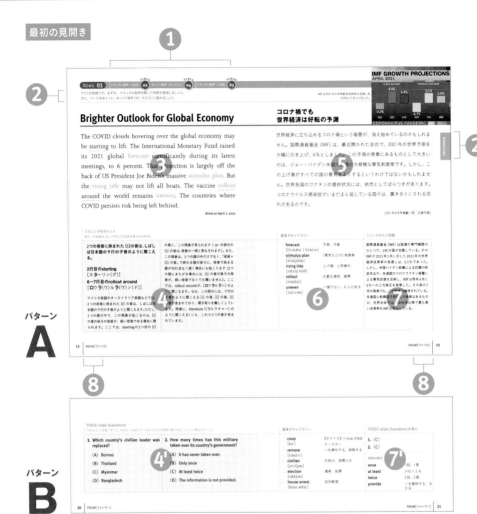

パターン **A**

パターン **B**

パターンB

④ TOEIC-style Questions

ニュースの内容が理解できたかどうかを確かめる問題です。TOEIC® L&Rテスト Part 4と同じ4択形式です。全20本のニュースのうち、アメリカ英語の最初の2本とイギリス英語・オーストラリア英語の最初の各1本を除いた、16本のニュースに付いています。

⑦ TOEIC-style Questionsの答え

④の問題の答えです。設問の語注も掲載されています。

① MP3音声のトラック番号

「ゆっくり音声（ポーズ入り）」のトラック番号が示されています。

② アクセント

「ゆっくり音声」のナレーターは基本的にアメリカ英語ですが、ここに示されているのは「ナチュラル音声」のアクセント、すなわちCNNキャスターのアクセントです。

③ ニュースのトランスクリプト

トランスクリプト（音声を文字化したもの）にサイトトランスレーション用のスラッシュを入れ、そこで改行してあります。また、MP3音声の「ゆっくり音声（ポーズ入り）」では、スラッシュのところでポーズ（無音の間）が挿入されています。

このトランスクリプトや音声を利用して、サイトトランスレーションや区切り聞き、シャドーイングなどの練習をしましょう。やり方については「3つの効果的な学習法」のページ（pp.4-7）を参照してください。

④ 語注

ニュース中の単語やイディオムなどをピックアップし、意味を示しました。前の見開きで「重要ボキャブラリー」に取り上げた語も、ここに再度記載しています。全ニュースの語注が巻末の「ボキャブラリー・チェック」にまとめられているので、復習に利用してください。

⑤ ニュースの日本語訳

スラッシュで区切られた、❸のトランスクリプトに対応した日本語訳です。この日本語訳の方を見ながら順番に元の英語に訳していく「反訳」（日→英サイトトランスレーション）を行うと、英語での発信能力が格段に向上します。

⑥ ワンポイント解説

分かりにくい個所の文法的な解説やニュースの関連知識など、ニュースをより正確に理解するのに役立つ情報が記載されています。

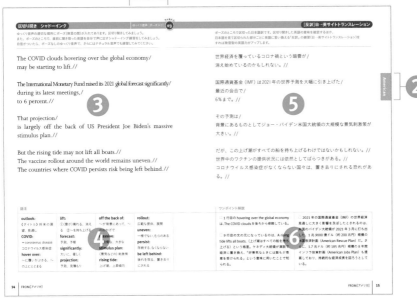

区切り開き　シャドーイング　　ゆっくり音声（ポーズあり）03　　　　　[反訳]日→英サイトトランスレーション

ゆっくり音声の適切な箇所にポーズ（無音の間）が入れてあります。区切り開きを意識してみましょう。
また、ポーズのところで、直前に開き取った英語を自分で声に出すシャドーイング練習をしてみましょう。
自信がついたら、ポーズなしのゆっくり音声で、さらにはナチュラル音声で練習してみてください。

ポーズのところで区切った日本語訳です。区切り開きした英語の意味を確認するほか、
日本語を英語で説明した部分ごとに英語に言い換える「反訳」の練習「日→英サイトトランスレーション」を
すれば瞬発型の英語力がアップします。

The COVID clouds hovering over the global economy/
may be starting to lift.//

世界経済を覆っているコロナ禍という暗雲が/
消え始めているのかもしれない。//

The International Monetary Fund raised its 2021 global forecast significantly/
during its latest meetings,/
to 6 percent.//

国際通貨基金（IMF）は2021年の世界予測を大幅に引き上げた/
最近の会合で/
6%まで。//

That projection/
is largely off the back of US President Joe Biden's massive
stimulus plan.//

その予測は/
背景にあるものとしてジョー・バイデン米国大統領の大規模な景気刺激策が
大きい。//

But the rising tide may not lift all boats.//
The vaccine rollout around the world remains uneven.//
The countries where COVID persists risk being left behind.//

だが、この上げ潮がすべての船を持ち上げるわけではないかもしれない。//
世界中のワクチンの提供状況には依然としてばらつきがある。//
コロナウイルス感染症がなくならない国々は、置き去りにされる恐れがある。//

語注

outlook:《タイトル》将来の展望、見通し	**lift:** ①（雲が）晴れる、消える ②〜を持ち上げる	**off the back of:** 〜が背景にあって、〜のおかげで	**rollout:** 広範な提供、展開
COVID: = coronavirus disease コロナウイルス感染症	**forecast:** 予測、予報	**massive:** 大規模な、大きな	**uneven:** 一様でない、むらのある
hover over: 〜に覆いかぶさる、〜の上にとどまる	**significantly:** 大いに、著しく	**stimulus plan:**（景気などの）刺激策	**persist:** 存続する、なくならない
	projection: 予測、見積もり	**rising tide:** 上げ潮、上昇傾向	**be left behind:** 後れを取る、置き去りにされる

ワンポイント解説

□ 1行目の hovering over the global economy は、The COVID clouds を後ろから修飾している。

□ 9行目の文の元になっているのは、A rising tide lifts all boats.（上げ潮はすべての船を持ち上げる）という格言。ケネディ大統領が演説で経済に置き換え「好景気なときは誰もが恩恵を受けられる」という意味に用いたことで知られる。

□ 2021年の国際通貨基金（IMF）の世界経済見通しに大きく影響を及ぼしたとされるのは、米国のバイデン大統領が2021年3月に打ち出した、1兆9000億ドル（約200兆円）規模の新型救済計画（American Rescue Plan）だ。さらに、1.7兆ドル（約185兆円）規模の8年間インフラ投資計画（American Jobs Plan）も提案しており、持続的な経済成長を図ろうとしている。

次ページからニュースが始まります➡

NEWS 01 | ナチュラル音声［1回目］ *Track* **02** | ゆっくり音声［ポーズなし］ *Track* **04** | ナチュラル音声［2回目］ *Track* **63**

アメリカ英語です。まずは、ナチュラル音声を聞いて内容を推測しましょう。
次に、ページをめくって、ゆっくり音声（ポーズ入り）に進みましょう。

Brighter Outlook for Global Economy

The COVID clouds hovering over the global economy may be starting to lift. The International Monetary Fund raised its 2021 global forecast significantly during its latest meetings, to 6 percent. That projection is largely off the back of US President Joe Biden's massive stimulus plan. But the rising tide may not lift all boats. The vaccine rollout around the world remains uneven. The countries where COVID persists risk being left behind.

Aired on April 7, 2021

リスニングのポイント

解説：南條健助(桃山学院大学国際教養学部准教授)

2つの母音に挟まれた [t]の音は、しばしば日本語のラ行の子音のように聞こえる。

2行目のstarting
[スターリン(グ)]

6〜7行目のrollout around
[ロウラ(ウ)ルラ(ウ)ン(ド)]

アメリカ英語やオーストラリア英語などでは、2つの母音に挟まれた [t] の音は、しばしば日本語のラ行の子音のように聞こえます。ただし、1つの語の中で、この現象が起こるのは、[t] の音の後ろの母音が、弱い母音である場合に限られます。ここでは、startingの2つ目の [t] の音に、この現象が見られます (-ar-の部分の [r] の音は、母音の一部と見なされます)。また、この現象は、1つの語の中だけでなく、「母音＋ [t] の音」で終わる語の後ろに、母音で始まる語が切れ目なく続く場合にも起こります (2つの語にまたがる場合には、[t] の音の後ろの母音が、弱い母音でなくても構いません)。ここでは、rollout aroundが、[ロウラルラン]のように聞こえます。なお、この部分には、ラ行の子音のように聞こえる [r] の音、[l] の音、[t] の音が含まれており、聞き取りを難しくしています。同様に、literature ([リルラチャー]のように聞こえる)にも、これら3つの音が含まれています。

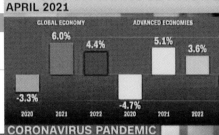

IMF は 2021 年の世界経済成長率の見通しを
6.0％に引き上げました。

コロナ禍でも
世界経済は好転の予測

世界経済に立ち込めるコロナ禍という暗雲が、消え始めているのかもしれません。国際通貨基金（IMF）は、最近開かれた会合で、2021 年の世界予測を大幅に引き上げ、6％としました。この予測の背景にあるものとして大きいのは、ジョー・バイデン米国大統領の大規模な景気刺激策です。しかし、この上げ潮がすべての国の景気をよくするというわけではないかもしれません。世界各国のワクチンの提供状況には、依然としてばらつきがあります。コロナウイルス感染症がいまだまん延している国々は、置き去りにされる恐れがあるのです。

（2021 年 8 月号掲載）（訳　石黒円理）

重要ボキャブラリー	
□ **forecast** [fɔ́ːrkæ̀st｜fɔ́ːkɑ̀ːst]	予測、予報
□ **stimulus plan** [stímjuləs]	（景気などの）刺激策
□ **rising tide** [ráiziŋ táid]	上げ潮、上昇傾向
□ **rollout** [róulàut]	広範な提供、展開
□ **uneven** [ʌníːvən]	一様でない、むらのある

ニュースのミニ知識

国際通貨基金（IMF）は国連の専門機関のひとつで、190 カ国が加盟している。その IMF が 2021 年 1 月に示した 2021 年の世界経済成長率の見通しは、5.5％であった。しかし、米国バイデン政権による巨額の財政支出や、先進国のコロナワクチン接種による景気回復を反映し、IMF は同年 4 月に 6％への上方修正を発表した。その後の 7 月の発表でも、この数字は維持されている。先進国と新興国で見通しの格差はあるものの、世界全体では、1976 年以降で最も高い成長率を IMF は見込んでいる。

ゆっくり音声の適切な個所にポーズ（無言の間）が入れてあります。区切り聞きしてみましょう。
また、ポーズのところで、直前に聞き取った英語を自分で声に出すシャドーイング練習をしてみましょう。
自信がついたら、ポーズなしのゆっくり音声で、さらにはナチュラル音声でも練習してみてください。

The COVID clouds hovering over the global economy/
may be starting to lift.//

The International Monetary Fund raised its 2021 global forecast significantly/
during its latest meetings,/
to 6 percent.//

That projection/
is largely off the back of US President Joe Biden's massive stimulus plan.//

But the rising tide may not lift all boats.//
The vaccine rollout around the world remains uneven.//
The countries where COVID persists risk being left behind.//

語注

outlook:	**lift:**	**off the back of:**	**rollout:**
《タイトル》将来の展	①（雲が）晴れる、消え	～が背景にあって、～	広範な提供、展開
望、見通し	る　②～を持ち上げる	のおかげで	**uneven:**
COVID:	**forecast:**	**massive:**	一様でない、むらのある
＝coronavirus disease	予測、予報	大規模な、大きな	**persist:**
コロナウイルス感染症	**significantly:**	**stimulus plan:**	存続する、なくならない
hover over:	大いに、著しく	（景気などの）刺激策	**be left behind:**
～に覆いかぶさる、～	**projection:**	**rising tide:**	後れを取る、置き去り
の上にとどまる	予測、見積もり	上げ潮、上昇傾向	にされる

ポーズのところで区切った日本語訳です。区切り聞きした英語の意味を確認するほか、
日本語を見て区切られた部分ごとに英語に言い換える「反訳」の練習(日→英サイトトランスレーション)を
すれば発信型の英語力がアップします。

世界経済を覆っているコロナ禍という暗雲が /
消え始めているのかもしれない。//

国際通貨基金(IMF)は2021年の世界予測を大幅に引き上げた /
最近の会合で /
6%まで。//

その予測は /
背景にあるものとしてジョー・バイデン米国大統領の大規模な景気刺激策が
大きい。//

だが、この上げ潮がすべての船を持ち上げるわけではないかもしれない。//
世界中のワクチンの提供状況には依然としてばらつきがある。//
コロナウイルス感染症がなくならない国々は、置き去りにされる恐れがあ
る。//

ワンポイント解説

□ 1行目の hovering over the global economy
は、The COVID clouds を後ろから修飾している。

□ 9行目の文の元になっているのは、A rising
tide lifts all boats.(上げ潮はすべての船を持ち
上げる)という格言。ケネディ大統領が演説で
経済に置き換え、「好景気なときには誰もが恩
恵を受けられる」という意味に用いたことで知
られる。

□ 2021年の国際通貨基金(IMF)の世界経済
見通しに大きく影響を及ぼしたとされるのは、
米国のバイデン大統領が2021年3月に打ち出
した、1兆9000億ドル(約200兆円)規模の
米国救済計画(American Rescue Plan)だ。さ
らに、1.7兆ドル(約185兆円)規模の8年間
インフラ投資計画(American Jobs Plan)も提
案しており、持続的な経済成長を図ろうとして
いる。

アメリカ英語 (厳密にはカナダ英語) です。まずは、ナチュラル音声を聞いて内容を推測しましょう。
次に、ページをめくって、ゆっくり音声 (ポーズ入り) に進みましょう。

Queen's Estate Launches Two Beers

Well, even though it's probably not appropriate to party like a rock star—because of COVID, of course—well, you can now at least drink like a queen. Queen Elizabeth II—or rather, her estate—has launched two types of beers: an India[n] pale ale and a bitter. The Sandringham Estate in eastern England, where the royal family usually celebrates Christmas, says the brews are now on sale at the gift shop. Cheers.

Aired on May 6, 2021

リスニングのポイント

解説：南條健助(桃山学院大学国際教養学部准教授)

弱く発音される語でなくても、音のくずれが生じることがある。

2行目のbecause of
[バ**カ**ザヴ]

6行目のcelebrates
[**ソ**ロブレイツ]

前置詞や代名詞など、弱く発音される語において、音のくずれが生じることはよく知られています。例えば、one of them では、ofやthem が弱く発音され、音のくずれが生じ、[**ワ**ナ (ヴ) ザム]のように聞こえます。しかし、弱く発音される語でなくても、音のくずれが生じること

があります。becauseの -cause の部分に含まれる母音は、本来は「オー」または「アー」に近く聞こえる長母音ですが、しばしば「ア」に近く聞こえる短母音 (busやcupの母音と同じ) で発音されます。ここでは、becauseが [バ**カ**ズ] のように聞こえます (弱く発音された場合には、be-の部分が消えて、[クズ] のように聞こえることがあり、くだけた文章などでは、(')cos、(')cuz、cozのようにつづられることがあります)。また、celebratesのcel-の部分に含まれる母音 (つづり字はe) は、本来は「エ」に近く聞こえる母音ですが、ここでは、すぐ後ろに続く [l] の音の影響で、「オ」に近い響きになっています。

女王の私有地（エステート）が
ツイッターで2種類のビールの発売を告知しました。

エリザベス女王が
私有地で「地ビール」を発売!?

さて、ロックスターのようにパーティーをするのはおそらく不適切だとしても——もちろん、コロナ禍だからです——まあ、せめて女王のようにお酒をたしなむくらいは今も許されるでしょう。女王エリザベス2世が——より正確には女王の私有地（エステート）が——2種類のビールを発売しました。すなわち、「インディア・ペールエール」と「ビター」です。イングランド東部にあるサンドリンガム・エステートは王室一家がいつもクリスマスを祝う場所ですが、同エステートの発表によると、それらのビールが今、その地のギフトショップで販売中だそうです。乾杯！

（2021年9月号掲載）（訳　石黒円理）

重要ボキャブラリー

☐	estate [istéit]	《タイトル》（広大な）地所、私有地
☐	launch [lɔ́:ntʃ]	《タイトル》〜を売り出す、発売する
☐	be appropriate to [əpróupriət]	〜にふさわしい、適切である
☐	celebrate [séləbrèit]	〜を祝う、祝賀する
☐	brew [brú:]	（ビールなどの）醸造酒

ニュースのミニ知識

英国のサンドリンガム・エステート（the Sandringham Estate）は、イングランド東部ノーフォーク州サンドリンガムにある英国王室の保養地。約2万エーカー（約81平方キロメートル）の広大な地所の一角にはケンブリッジ公ウィリアム王子とキャサリン妃の邸宅があることでも知られている。2021年5月に、同エステートの公式ツイッターが、エリザベス女王公認の「インディア・ペールエール（略称IPA）」と「ビター」のビールの発売を発表した。同エステート内で育った有機栽培の大麦から作られたビールだという。

ゆっくり音声の適切な個所にポーズ（無言の間）が入れてあります。区切り聞きしてみましょう。
また、ポーズのところで、直前に聞き取った英語を自分で声に出すシャドーイング練習をしてみましょう。
自信がついたら、ポーズなしのゆっくり音声で、さらにはナチュラル音声でも練習してみてください。

Well, even though it's probably not appropriate to party like a
rock star—/
because of COVID, of course—/
well, you can now at least drink like a queen.//

Queen Elizabeth II—/
or rather, her estate—/
has launched two types of beers:/
an India pale ale and a bitter.//

The Sandringham Estate in eastern England,/
where the royal family usually celebrates Christmas,/
says the brews are now on sale at the gift shop.//
Cheers.//

語注

estate: 《タイトル》（広大な）地所、私有地	**be appropriate to:** 〜にふさわしい、適切である	**at least:** 少なくとも、せめて	**celebrate:** 〜を祝う、祝賀する
launch: 《タイトル》〜を売り出す、発売する	**party:** パーティーをする、どんちゃん騒ぎをする	**or rather:** というより、もっと正確に言うと	**brew:** （ビールなどの）醸造酒
even though: 〜だけれども、〜にもかかわらず	**COVID:** ＝coronavirus disease コロナウイルス感染症	**eastern:** 東側の、東部の **royal family:** 王室、王家	**be on sale:** 販売されている、売りに出されている **Cheers.:** 乾杯！

ポーズのところで区切った日本語訳です。区切り聞きした英語の意味を確認するほか、
日本語を見て区切られた部分ごとに英語に言い換える「反訳」の練習(日→英サイトトランスレーション)を
すれば発信型の英語力がアップします。

American

さて、ロックスターのようにパーティーをするのはおそらく不適切だとしても——— /
もちろん、コロナ禍だからだ——— /
まあ、せめて女王のようにお酒をたしなむくらいは今も許されるだろう。//

女王エリザベス2世が——— /
より正確には女王の私有地が——— /
2種類のビールを発売した /
すなわち、「インディア・ペールエール」と「ビター」だ。//

イングランド東部にあるサンドリンガム・エステートは /
王室一家がいつもクリスマスを祝う場所だが /
それらのビールが今、その地のギフトショップで販売中だと述べている。//
乾杯！//

ワンポイント解説

□8行目の前半を「ナチュラル音声」ではan Indian pale aleと言っているが、正しくはan India pale ale。「ゆっくり音声」は正しく録音してある。なお、インディア・ペールエール(IPA)は18世紀末、植民地だったインドにイギリスから送るために作られた上面発酵ビール。防腐剤の役割を持つホップの量が多いため、香りと苦みが強い。一方、ビターはイギリスのパブで最も一般的に飲まれているビール。

□アルコール飲料の生産は、英国王室が取り組む最新のビジネスで、2020年からは、バッキンガム宮殿の庭園で手積みされた植物を使用したジンや、ワインなども製造・販売している。これらのアルコール飲料をはじめとした英国王室オフィシャル商品は、Royal Collection Trust(王室の一部局である慈善団体)のオンラインショップ(www.royalcollectionshop.uk)で購入が可能となっている。

アメリカ英語です。まずは、ナチュラル音声を聞いて内容を推測しましょう。
次に、ページをめくって、ゆっくり音声（ポーズ入り）に進みましょう。

Military Coup in Myanmar

Burma is where we begin today's show. The troubled country is located between Bangladesh and Thailand. We say "troubled" because it's in the middle of a military coup. And that military announced yesterday it had removed and replaced Myanmar's civilian leader and 24 members of her government. The Burmese military has taken over before, in 1962. It ruled the country for decades after that. And when it didn't like the results of an election in 1990, it put an elected party leader under house arrest.

Aired on February 2, 2021

TOEIC-style Questions
内容を正しく把握できたか、TOEIC® L&Rテスト Part 4 形式の問題で確かめましょう。［正解は次ページ］

1. Which country's civilian leader was replaced?	2. How many times has this military taken over its country's government?
(A) Borneo	(A) It has never taken over.
(B) Thailand	(B) Only once
(C) Myanmar	(C) At least twice
(D) Bangladesh	(D) The information is not provided.

民主化の指導者アウンサンスーチー氏は、
軟禁されています。

ミャンマーで
またも軍事クーデター

ミャンマーのニュースから今日の番組を始めます。混乱中のこの国はバングラデシュとタイの間に位置しています。「混乱中」と言うのは、そこが軍事クーデターの真っただ中にあるからです。そして、その国の国軍は昨日、ミャンマーの文民指導者と彼女が率いる政権のメンバー24名を解任、更迭したと発表しました。ミャンマーの国軍は1962年にも政権を奪取したことがあります。国軍は、その後数十年にわたり、この国を支配しました。そして、1990年の選挙が好ましくない結果になると、国軍は選挙に勝った党の指導者を自宅軟禁下に置きました。

（2021年5月号掲載）（訳　編集部）

重要ボキャブラリー			TOEIC-style Questionsの答え	

重要ボキャブラリー

☐ **coup**
[kúː]　《タイトル》= coup d'etat　クーデター

☐ **remove**
[rimúːv]　〜を解任する、排除する

☐ **civilian**
[sivíljən]　文民の、民間人の

☐ **election**
[ilékʃən]　選挙、投票

☐ **house arrest**
[háus ərèst]　自宅軟禁

TOEIC-style Questionsの答え

1. （C）

2. （C）

設問の語注

once	1回、1度
at least	少なくとも
twice	2回、2度
provide	〜を提供する、与える

ゆっくり音声の適切な個所にポーズ（無言の間）が入れてあります。区切り聞きしてみましょう。
また、ポーズのところで、直前に聞き取った英語を自分で声に出すシャドーイング練習をしてみましょう。
自信がついたら、ポーズなしのゆっくり音声で、さらにはナチュラル音声でも練習してみてください。

Burma is where we begin today's show.//
The troubled country is located between Bangladesh and Thailand.//
We say "troubled" because it's in the middle of a military coup.//

And that military announced yesterday/
it had removed and replaced/
Myanmar's civilian leader and 24 members of her government.//

The Burmese military has taken over before,/
in 1962.//
It ruled the country for decades after that.//

And when it didn't like the results of an election in 1990,/
it put an elected party leader under house arrest.//

語注

military : 《タイトル》①軍の　② 軍、軍部	**be located:** 位置している	**civilian:** 文民の、民間人の	**decade:** 10年間、10年
coup: 《タイトル》= coup d'etat クーデター	**remove:** 〜を解任する、排除する	**take over:** （権力などを）奪う、奪取する	**election:** 選挙、投票
Burma: ビルマ　▶ミャンマーの旧国名。	**replace:** 〜を更送（こうてつ）する、他の人に置き替える	**rule:** 〜を統治する、支配する	**elected:** 選出された、当選した
			house arrest: 自宅軟禁

ポーズのところで区切った日本語訳です。区切り聞きした英語の意味を確認するほか、
日本語を見て区切られた部分ごとに英語に言い換える「反訳」の練習(日→英サイトトランスレーション)を
すれば発信型の英語力がアップします。

American

ビルマから今日の番組を始める。//
混乱中のこの国はバングラデシュとタイの間に位置している。//
「混乱中」と言うのは、そこが軍事クーデターの真っただ中にあるからだ。//

そして、その国の軍は昨日、発表した/
軍が解任、更送（こうてつ）したと/
ミャンマーの文民指導者と彼女が率いる政権のメンバー 24 名を。//

ビルマ軍は以前にも政権を奪取したことがある/
1962 年に。//
その後数十年にわたり、軍がその国を支配した。//

そして、1990 年の選挙結果を軍が気に入らなかったとき/
軍は選挙に勝った党の指導者を自宅軟禁下に置いた。//

ワンポイント解説

□ 1 行目の where 以降は、主語 Burma について説明する名詞節。where を the place in which に置き換えて考えるとよい。なお、Burma と Myanmar はどちらも国際的に認知されている呼称。Myanmar は 1989 年に定められた正式名称で、Burma は古くから使われる口語表現。

□ 9 ～ 11 行目の it はすべて、前出の The Burmese military を指している。

□ 2021 年 2 月 1 日にクーデターを起こしたミャンマーの国軍は、国民民主同盟（NDL）の指導者で国家顧問のアウンサンスーチー氏が前年の総選挙で不正を働いたと主張し、彼女を軟禁下に置いた。これに対し、命令などに公然と違反する市民的不服従運動（civil disobediece movemet, CDM）と呼ばれる非暴力的抗議が国民に広がりを見せる一方、民主化勢力の国家統一政府（NUG）は武装蜂起を呼びかけている。

アメリカ英語です。まずは、ナチュラル音声を聞いて内容を推測しましょう。
次に、ページをめくって、ゆっくり音声（ポーズ入り）に進みましょう。

Climbing the World's Tallest Chimney

The tallest chimney in Europe is at a power station in Slovenia. It stretches more than 1,180 feet into the sky. And after weeks of preparations, with holds fastened to the tower specifically for them, two athletes decided to try to free-climb it last fall. Speaking of "fall," there were some. Thankfully, they had ropes. And after 7 hours and 32 minutes of climbing, they reached the top of the world's tallest artificial, multipitch route.

Aired on February 7, 2021

TOEIC-style Questions
内容を正しく把握できたか、TOEIC® L&Rテスト Part 4 形式の問題で確かめましょう。［正解は次ページ］

1. What is true of this chimney?

(A) It is the tallest chimney in Europe.

(B) It is part of a power station.

(C) It is more than 1,000 feet high.

(D) All of the above

2. What did the climbers do?

(A) They climbed to the top of the tower.

(B) They climbed for over seven hours without falling.

(C) They climbed without ropes.

(D) All of the above

見るからに恐ろしい高さの煙突に
2人のクライマーが挑みました。

世界一のフリークライミングを「煙突」で達成！

ヨーロッパで最も高い煙突はスロベニアの発電所にあります。それは空に向かって1180フィート（約360メートル）以上伸びています。そして、数週間の準備の結果、彼ら用のホールドがその塔に特別に取り付けられたことを受け、2人のアスリートがその塔のフリークライミングに挑戦することを決意したのは、昨年の秋のことでした。「滑落(フォール)」と言えば、何度かありました。幸いなことに、彼らは命綱を装着していました。そして7時間32分に及ぶクライミングの末、彼らは、人工的なマルチピッチ・ルートとしては世界で最も高い頂上にたどり着いたのです。

(2021年5月号掲載)(訳　編集部)

重要ボキャブラリー		TOEIC-style Questions の答え
☐ **chimney** [tʃímni]	《タイトル》煙突	**1.** (D)
☐ **stretch** [strétʃ]	伸びる、広がる	**2.** (A)
☐ **fasten A to B** [fǽsn ｜ fáːsn]	AをBに留める、固定する	設問の語注
☐ **athlete** [ǽθliːt]	運動選手、アスリート	the above　上記のもの climber　登山者、クライマー
☐ **route** [rúːt ｜ ráut]	道筋、ルート	falling　落下、滑落

写真：Andrej Jakobčč/Wikimedia Commons

ゆっくり音声の適切な個所にポーズ（無言の間）が入れてあります。区切り聞きしてみましょう。
また、ポーズのところで、直前に聞き取った英語を自分で声に出すシャドーイング練習をしてみましょう。
自信がついたら、ポーズなしのゆっくり音声で、さらにはナチュラル音声でも練習してみてください。

The tallest chimney in Europe is at a power station in Slovenia.//
It stretches more than 1,180 feet into the sky.//

And after weeks of preparations,/
with holds fastened to the tower specifically for them,/
two athletes decided to try to free-climb it/
last fall.//

Speaking of "fall,"/
there were some.//
Thankfully, they had ropes.//

And after 7 hours and 32 minutes of climbing,/
they reached the top of the world's tallest artificial, multipitch
route.//

語注

clime: 《タイトル》〜を登る、よじ登る	**preparation:** 準備、用意	**athlete:** 運動選手、アスリート	**thankfully:** 幸いなことに
chimney: 《タイトル》煙突	**hold:** 持つ所、ホールド	**decide to do:** 〜することを決意する	**artificial:** 人工の、人工的な
power station: 発電所	**fasten A to B:** AをBに留める、固定する	**free-climb:** フリークライミングで〜を登る	**multipitch:** 複数のピッチの、マルチピッチの
stretch: 伸びる、広がる	**specifically:** 特に、特別に	**speaking of:** 〜と言えば	**route:** 道筋、ルート

ポーズのところで区切った日本語訳です。区切り聞きした英語の意味を確認するほか、
日本語を見て区切られた部分ごとに英語に言い換える「反訳」の練習（日→英サイトトランスレーション）を
すれば発信型の英語力がアップします。

ヨーロッパで最も高い煙突はスロベニアの発電所にある。//

それは空に向かって1180フィート（約360メートル）以上伸びている。//

そして数週間の準備の後/

彼らのために特別に塔にホールドが取り付けられたことで/

2人のアスリートはその塔のフリークライミングに挑戦することを決意した/

昨年の秋に。//

「滑落（フォール）」と言えば/

何度かあった。//

幸いなことに、彼らは命綱を装着していた。//

そして7時間32分に及ぶクライミングの末/

彼らは人工的なマルチピッチ・ルートとしては世界で最も高い頂上にたどり

着いた。//

American

ワンポイント解説

□ 4行目の hold は、クライミングの際に手足をかける取っ掛かりのこと。

□ 7行目は、6行目の fall に「秋」のほか「落下、滑落」という意味があることに掛けている。

□ 最後の multipitch route とは、ピッチ（ロープ1本の長さで登れる範囲）を複数回繰り返していく必要のあるルートのこと。

□ 比較的高い岩壁を安全確保のためのロープを装着して登るのがルートクライミングだが、それはフリークライミングとエイドクライミングに分けられる。後者は人工登攀（とうはん）とも呼ばれ、ハンマーやハーケン、カラビナなど道具を積極的に使うのに対し、前者のフリークライミングではそういった道具を使わない。なお、比較的低い岩壁をロープを装着せずに登るのはボルダリングと呼ばれる。

NEWS **05** | ナチュラル音声［1回目］ *Track* **14** | ゆっくり音声［ポーズなし］ *Track* **16** | ナチュラル音声［2回目］ *Track* **67**

アメリカ英語です。まずは、ナチュラル音声を聞いて内容を推測しましょう。
次に、ページをめくって、ゆっくり音声（ポーズ入り）に進みましょう。

Japanese Cherry Trees in Washington

Decades before the war, the friendship between the Japanese and the American people was demonstrated in mutual gifts of trees. In 1912, Japan sent more than 3,000 cherry trees across the Pacific. The Japanese gift bloomed into an annual highlight on Washington, DC's Tidal Basin. Every year, in late March and early April, visitors walk through a springtime wonderland of white and pink flowers.

Aired on April 7, 2021

TOEIC-style Questions

内容を正しく把握できたか、TOEIC® L&Rテスト Part 4 形式の問題で確かめましょう。［正解は次ページ］

1. When did Japan send the gift of cherry trees to the United States?

   (A) Early in the 19th century

   (B) In 1912

   (C) Just before World War II

   (D) Just after World War II

2. According to this news report, what did the United States send to Japan?

   (A) Trees

   (B) Money

   (C) Flowers

   (D) The information is not provided.

米国の首都ワシントンのポトマック川沿いは
日本から贈られた桜の並木で有名です。

日本からの友好の桜、
今年もワシントンで花開く

あの戦争の数十年前、日米両国の人々の友好が互いに贈り合った木々によっ
て示されました。1912年、日本は3000本以上の桜の木を太平洋の向こうへ
送りました。その日本からの贈り物が首都ワシントンのタイダルベイスンで
年に一度の呼び物へと発展しました。毎年3月下旬から4月初めにかけて、
白とピンクの花に彩られた春のワンダーランドの中を訪問者たちが散策しま
す。

（2021年7月号掲載）（訳　編集部）

重要ボキャブラリー

☐	**demonstrate** [démənstrèit]	～を表に出す、形にして示す
☐	**mutual** [mjúːtʃuəl]	互いの、相互の
☐	**bloom into** [blúːm]	～へと花開く、展開する
☐	**annual** [ǽnjuəl]	年に一度の、毎年の
☐	**wonderland** [wʌ́ndərlæ̀nd]	不思議の国、夢のように素晴らしい場所

TOEIC-style Questionsの答え

1. （B）

2. （A）

設問の語注

World War II	第2次世界大戦
according to	～によれば
provide	～を提供する、与える

ゆっくり音声の適切な個所にポーズ（無言の間）が入れてあります。区切り聞きしてみましょう。
また、ポーズのところで、直前に聞き取った英語を自分で声に出すシャドーイング練習をしてみましょう。
自信がついたら、ポーズなしのゆっくり音声で、さらにはナチュラル音声でも練習してみてください。

Decades before the war, /
the friendship between the Japanese and the American people /
was demonstrated in mutual gifts of trees. //

In 1912, /
Japan sent more than 3,000 cherry trees /
across the Pacific. //

The Japanese gift bloomed into an annual highlight /
on Washington, DC's Tidal Basin. //

Every year, /
in late March and early April, /
visitors walk through a springtime wonderland of white and
pink flowers. //

語注

cherry tree:《タイトル》桜の木	**demonstrate:** 〜を表に出す、形にして示す	**bloom into:** 〜へと花開く、展開する	**visitor:** 訪問者、観光客
decade: 10年間、10年	**mutual:** 互いの、相互の	**annual:** 年に一度の、毎年の	**walk through:** 〜の中を歩いていく
war: 戦争、戦い	**the Pacific (Ocean):** 太平洋	**highlight:** 最も興味を引くもの、呼び物	**springtime:** 春、春季
friendship: 友情、友情関係	**across:** 〜の向こうへ		**wonderland:** 不思議の国、夢のように素晴らしい場所

ポーズのところで区切った日本語訳です。区切り聞きした英語の意味を確認するほか、
日本語を見て区切られた部分ごとに英語に言い換える「反訳」の練習(日→英サイトトランスレーション)を
すれば発信型の英語力がアップします。

あの戦争の数十年前 /

日米両国の人々の友好が /

互いに贈り合った木々によって示された。//

1912年 /

日本は3000本以上の桜の木を送った /

太平洋の向こうへ。//

その日本からの贈り物が年に一度の呼び物へと発展した /

首都ワシントンのタイダルベイスンで。//

毎年 /

3月下旬から4月初めにかけて /

訪問者たちが白とピンクの花に彩られた春のワンダーランドの中を散策する。//

ワンポイント解説

□ 1行目の the war は、第2次世界大戦（World War II, 1939-1945）のうち、特に1941年12月の日米開戦以降を指すと考えられる。

□ 10行目にあるように、「〜月の上旬」の場合は〈early +月〉、「〜月の下旬」の場合は〈late +月〉という形で表される。

□米国の首都ワシントンのポトマック公園にはタイダルベイスンという大きな入り江があり、その岸には数多くの桜の木が植えられているが、これらは主に1912年から1920年にかけて日本から贈られたもので、日米友好の象徴となっている。1935年から始まったとされる全米桜祭り（National Cherry Blossom Festival）は今に続く春の風物詩。なお、米国は返礼としてハナミズキを日本に贈っている。

アメリカ英語（厳密にはカナダ英語）です。まずは、ナチュラル音声を聞いて内容を推測しましょう。
次に、ページをめくって、ゆっくり音声（ポーズ入り）に進みましょう。

Gloves Adapted to Comfort Patients

One of the most heartbreaking things about the coronavirus pandemic is people suffering and dying alone in hospitals, but here's something a Brazilian nurse came up with to offer comfort and also help measure patients' oxygen levels. She filled two medical gloves with warm water and shaped them as hands, as if they were holding the hand. It mimics that human touch and warms patients' hands all at the same time. A journalist who tweeted the picture called it "the hand of God."

Aired on April 11, 2021

TOEIC-style Questions
内容を正しく把握できたか、TOEIC® L&Rテスト Part 4 形式の問題で確かめましょう。[正解は次ページ]

1. What are the gloves designed to do for patients?

(A) Comfort them

(B) Warm their hands

(C) Measure their oxygen levels

(D) All of the above

2. What are the gloves filled with?

(A) Water

(B) Oxygen

(C) Human hands

(D) Medicine

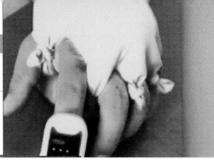
パルスオキシメーターの付いた
患者の手を握る「神の手」。

重症コロナ患者を癒やす
「神の手」

コロナ禍で最も胸が張り裂けそうになることのひとつは、病院で人々が独り
で苦しみ、亡くなっていっていることですが、ここに、ブラジルのある看護
師が考案したものがあります。これが患者に癒やしを与えるとともに、患者
の酸素レベルの測定にも役立つのです。彼女は2つの医療用手袋を温水で満
たし、それらを、まるで両手で患者の手を握っているときのような形にしま
した。それは、そういった人間的触れ合いを模倣することと、患者の手を温
めることを、まったく同時に行うものです。その画像をツイートしたジャー
ナリストは、それを「神の手」と呼びました。

(2021年8月号掲載)(訳　編集部)

重要ボキャブラリー

☐ **adapt...to do** [ədǽpt]	《タイトル》…を～する ように変える、改造する
☐ **comfort** [kʌ́mfərt]	《タイトル》①～を慰め る、癒やす　②慰め、癒 やし
☐ **measure** [méʒər]	～を測る、測定する
☐ **oxygen** [ɑ́ksidʒən | ɔ́ksi-]	酸素
☐ **mimic** [mímik]	～を模倣する、まねる

TOEIC-style Questions の答え

1. (D)

2. (A)

設問の語注

be designed to do	～するように工夫 されている
the above	上記のもの
medicine	薬、薬物

ゆっくり音声の適切な個所にポーズ（無言の間）が入れてあります。区切り聞きしてみましょう。
また、ポーズのところで、直前に聞き取った英語を自分で声に出すシャドーイング練習をしてみましょう。
自信がついたら、ポーズなしのゆっくり音声で、さらにはナチュラル音声でも練習してみてください。

One of the most heartbreaking things about the coronavirus
pandemic/
is people suffering and dying alone in hospitals,/
but here's something a Brazilian nurse came up with/
to offer comfort and also help measure patients' oxygen levels.//

She filled two medical gloves with warm water/
and shaped them as hands,/
as if they were holding the hand.//

It mimics that human touch/
and warms patients' hands/
all at the same time.//

A journalist who tweeted the picture/
called it "the hand of God."//

語注

glove:	**patient:**	**measure:**	**shape A as B:**
《タイトル》手袋	《タイトル》患者、病人	～を測る、測定する	AをBの形にする
adapt...to do:	**heartbreaking:**	**oxygen:**	**mimic:**
《タイトル》…を～する	胸の張り裂けるような、	酸素	～を模倣する、まねる
ように変える、改造する	悲痛な	**fill A with B:**	**human touch:**
comfort:	**suffer:**	AをBで満たす	人間味、人間的な触れ
《タイトル》①～を慰め	苦しむ	**warm:**	合い
る、癒やす ②慰め、	**come up with:**	①温かい ②～を温め	**tweet:**
癒やし	～を思いつく、考え出す	る	～をツイートする

ポーズのところで区切った日本語訳です。区切り聞きした英語の意味を確認するほか、
日本語を見て区切られた部分ごとに英語に言い換える「反訳」の練習(日→英サイトトランスレーション)を
すれば発信型の英語力がアップします。

コロナウイルスのパンデミックに関して最も胸が張り裂けそうになることの
ひとつは /
病院で人々が独りで苦しみ、亡くなっていっていることだ /
だが、ここにあるのはブラジルのある看護師が考案したもので /
患者に癒やしを与えるとともに患者の酸素レベルを測るのにも役立つ。//

彼女は2つの医療用手袋を温水で満たした /
そしてそれらを両手の形にした /
まるでそれらが(患者の)手を握っているかのように。//

それはそういった人間的な触れ合いを模倣している /
そして患者の手を温める /
まったく同時に。//

その画像をツイートしたジャーナリストは /
それを「神の手」と呼んだ。//

ワンポイント解説

☐ 4 行目の something と a Brazilian nurse の
間には、camp up with の目的語を示す関係代
名詞 which/that が省略されていると考える。

☐ 6 行目の warm は形容詞だが、10 行目の
warms は他動詞として用いられている。

☐ 8 行目の be 動詞が were と過去形になって
いるのは仮定法だから。

☐ このニュースで紹介されている「神の手」を
考案したのは、ブラジル・リオデジャネイロの
看護師リジアネ・メロさん。ブラジルの医療現
場はコロナ禍で大変な状況だったが、手足の冷
たくなった女性患者が意識を失う前に「手を握
って」と言ったことに触発され、2020 年 4 月
から集中治療室の患者に対して使用し始めた。
その後、SNS の看護師グループに伝えたところ、
ケアとして広まったという。

アメリカ英語（厳密にはカナダ英語）です。まずは、ナチュラル音声を聞いて内容を推測しましょう。
次に、ページをめくって、ゆっくり音声（ポーズ入り）に進みましょう。

Law Allows Putin Two More Terms

Russian president Vladimir Putin has signed a law that could keep him in power until 2036. It lets him run for two more six-year presidential terms once his current stint ends in 2024, but it limits any future president to two terms in office. Voters approved the changes last summer, and both the houses of parliament passed it last month. Opponents described it as a constitutional coup.

Aired on April 6, 2021

TOEIC-style Questions

内容を正しく把握できたか、TOEIC® L&Rテスト Part 4 形式の問題で確かめましょう。［正解は次ページ］

1. When is Putin's current term as president scheduled to end?

(A) In 2022

(B) In 2024

(C) In 2026

(D) In 2036

2. Under the new law, for how many terms can future presidents serve?

(A) Only one

(B) Two

(C) Six

(D) As many as voters approve

ロシアのプーチン氏、
実質的な終身大統領に！？

American

ロシアのウラジーミル・プーチン大統領は、自身を2036年まで権力の座にとどめておくことができる法案に署名しました。この法律は、2024年に彼の現在の任期がいったん終了した後、任期6年の大統領に彼がもう2回立候補することを可能にしますが、将来のすべての大統領に対しては任期を2期までに制限するものです。有権者はこの変更を昨年夏に承認しており、議会両院が法案を先月可決しました。反対者たちはこれを「憲法クーデター」だと評しています。

(2021年8月号掲載)(訳　編集部)

重要ボキャブラリー

☐ **term** [tə́:rm]	《タイトル》任期	
☐ **stint** [stínt]	（仕事などに）割り当てられた期間	
☐ **parliament** [pɑ́:rləmənt]	国会、議会	
☐ **opponent** [əpóunənt]	反対者、敵対者	
☐ **constitutional** [kɑ̀nstətjúːʃənəl]	憲法の、憲法上の	

TOEIC-style Questions の答え

1. (B)

2. (B)

設問の語注

be scheduled to do	〜する予定になっている
serve	（任期・職務を）務める

ゆっくり音声の適切な個所にポーズ（無言の間）が入れてあります。区切り聞きしてみましょう。
また、ポーズのところで、直前に聞き取った英語を自分で声に出すシャドーイング練習をしてみましょう。
自信がついたら、ポーズなしのゆっくり音声で、さらにはナチュラル音声でも練習してみてください。

Russian president Vladimir Putin has signed a law/
that could keep him in power until 2036.//

It lets him run for two more six-year presidential terms/
once his current stint ends in 2024,/
but it limits any future president to two terms in office.//

Voters approved the changes last summer,/
and both the houses of parliament passed it last month.//
Opponents described it as a constitutional coup.//

語注

term: 《タイトル》任期	**current:** 現在の、今の	**approve:** ～を認める、承認する	**describe A as B:** AをBと評する、表現する
keep...in power: …を権力の座にとどめる	**stint:** （仕事などに）割り当てられた期間	**house:** 議会、議院	**constitutional:** 憲法の、憲法上の
run for: ～に立候補する	**limit A to B:** AをBに制限する	**parliament:** 国会、議会	**coup:** ＝ coup d'état　クーデター
once: いったん～した時点で	**(be) in office:** 公職に就いている	**opponent:** 反対者、敵対者	

ポーズのところで区切った日本語訳です。区切り聞きした英語の意味を確認するほか、
日本語を見て区切られた部分ごとに英語に言い換える「反訳」の練習(日→英サイトトランスレーション)を
すれば発信型の英語力がアップします。

ロシアのウラジーミル・プーチン大統領は法案に署名した /

その法律は2036年まで彼を権力の座にとどめておくことができる。//

それは、任期6年の大統領に彼がもう2回立候補することを可能にする /

2024年に彼の現在の任期がいったん終了した後で /

だが、将来の全大統領に対しては任期を2期までに制限している。//

有権者はこの変更を昨年夏に承認した /

そして、議会両院が法案を先月可決した。//

反対者たちはこれを「憲法クーデター」だと評している。//

American

ワンポイント解説

□ 1行目の a law は改正大統領選挙法のこと。2021年4月5日にプーチン大統領が署名したこの法案は、同一人物の大統領就任回数を通算2回までに制限しているが、現職大統領や大統領経験者に関してはこれまでの回数がカウントされない規定になっている。したがって、プーチン氏は現在の任期の終了後、さらに2回就任できる。ロシア大統領の任期は6年なので、2036年までの続投に道が開かれたことになる。

□ 改正大統領選挙法は憲法改正に基づいている。2020年1月にプーチン大統領が提案した憲法改正案は200項目以上に及ぶものだったが、その中には大統領の任期制限の変更も含まれていた。これに関する全国投票が同年7月1日に実施され、投票率68%、賛成78%、反対21%で憲法改正案は承認された。また、2021年3月には改正大統領選挙法が議会の上下院で承認された。

NEWS **08** | ナチュラル音声［1回目］ **23** Track | ゆっくり音声［ポーズなし］ **25** Track | ナチュラル音声［2回目］ **70** Track

アメリカ英語です。まずは、ナチュラル音声を聞いて内容を推測しましょう。
次に、ページをめくって、ゆっくり音声（ポーズ入り）に進みましょう。

A See-Through Pool Way Up High

Well, this is a new way to think about an above-ground pool: it's 115 feet above the ground, a clear, plastic box that's 82 feet long and would allow people to swim between two apartment complexes in London. You'll have to live in one of the buildings to enjoy the pool, and the cheapest two-bedroom unit costs $1.4 million. But moving through the pool that opens later this month is said to be like swimming and flying at the same time.

Aired on May 4, 2021

TOEIC-style Questions
内容を正しく把握できたか、TOEIC® L&Rテスト Part 4 形式の問題で確かめましょう。[正解は次ページ]

1. **What is true about this pool?**

   (A) It is 115 feet long.

   (B) It cost $1.4 million to build.

   (C) It is between two apartment buildings.

   (D) All of the above

2. **Who will be able to swim in the pool?**

   (A) Anyone who lives in London

   (B) Anyone who pays the admission fee

   (C) Only the owners of the pool

   (D) Only people who live in the apartment complexes

2つの建物の間を結ぶ形で
透明のプールが設置されています。

ロンドンの高層ビルを結ぶ「透明な空中プール」

さて、こちらは地上プールの新しい考え方です。すなわち、地上115フィート（約35メートル）の高さにある、長さ82フィート（約25メートル）の透明なプラスチックの箱型のプールで、ロンドンにある2つのアパートの間を人が泳げるようになっているのです。このプールで楽しむには2つのアパートのうちどちらかに住んでいる必要があるのですが、最も安い2ベッドルームの部屋でさえ、価格が140万ドル（約1億5000万円）もします。しかし、今月中にオープンするこのプールの中を水をかき分けて進むのは、まるで泳ぎながら空を飛ぶような感覚が味わえるのだそうです。

（2021年8月号掲載）（訳　編集部）

重要ボキャブラリー

☐ **see-through**
[síːθrùː]
《タイトル》透けて見える、シースルーの

☐ **above-ground**
[əbʌ́v gráund]
地上の、地表の

☐ **allow...to do**
[əláu]
…が〜するのを許す、〜できるようにする

☐ **apartment complex**
[kámplèks | kɔ́m-]
（2棟以上から成る）集合住宅、団地

☐ **cheap**
[tʃip | tʃiːp]
安い、安価な

TOEIC-style Questionsの答え

1. （C）
2. （D）

設問の語注

the above	上記のもの
admission fee	入場料
owner	所有者、持ち主

写真：Loren Javier/Flickr

ゆっくり音声の適切な個所にポーズ（無言の間）が入れてあります。区切り聞きしてみましょう。
また、ポーズのところで、直前に聞き取った英語を自分で声に出すシャドーイング練習をしてみましょう。
自信がついたら、ポーズなしのゆっくり音声で、さらにはナチュラル音声でも練習してみてください。

Well, this is a new way to think about an above-ground pool:/
it's 115 feet above the ground,/
a clear, plastic box that's 82 feet long/
and would allow people to swim between two apartment complexes/
in London.//

You'll have to live in one of the buildings/
to enjoy the pool,/
and the cheapest two-bedroom unit costs $1.4 million.//

But moving through the pool that opens later this month/
is said to be like swimming and flying at the same time.//

語注

see-through: 《タイトル》透けて見える、シースルーの **way:** 《タイトル》①はるかに、ずっと ②方法、やり方 **above-ground:** 地上の、地表の	**foot:** フィート ▶1フィートは30.48センチメートル。複数形はfeet。 **clear:** 透明な、透き通った **allow...to do:** …が〜するのを許す、〜できるようにする	**apartment complex:** （2棟以上から成る）集合住宅、団地 **cheap:** 安い、安価な **two-bedroom:** 2寝室の、2ベッドルームの	**unit:** （集合住宅の）1世帯分の部屋 **cost:** （お金などが）〜だけかかる **move through:** 〜の中を移動する、〜を通り抜ける

ポーズのところで区切った日本語訳です。区切り聞きした英語の意味を確認するほか、
日本語を見て区切られた部分ごとに英語に言い換える「反訳」の練習(日→英サイトトランスレーション)を
すれば発信型の英語力がアップします。

American

さて、こちらは地上プールの新しい考え方だ /
すなわち、地上115フィート（約35メートル）の高さにあるのだ /
それは長さ82フィート（約25メートル）の透明なプラスチックの箱型で /
2つのアパートの間を人が泳ぐことができる /
ロンドンで。//

2つのアパートのうちどちらかに住んでいる必要がある /
このプールで楽しむには /
そして最も安い2寝室の部屋でも140万ドル（約1億5000万円）する。//

だが、今月中にオープンするこのプールの中を水をかき分けて進むのは /
泳ぐのと飛ぶのを同時に行うようなものだと言われている。//

ワンポイント解説

□ 1行目の above-ground pool は、地面を掘って作る in-ground pool に対して、槽が地上に設置されたプールのこと。

□ 3行目の a clear, plastic box that's 82 feet long の that は主格の関係代名詞。

□ 9行目の later this month は「今月の、今日以降のいつか」という意味。

□ ロンドン南西部ナインエルムズの集合住宅「エンバシーガーデン」は米国大使館に隣接する高級アパートだが、その建物2棟を透明なアクリル製の空中プールがつないでいる。2021年5月に登場したそのプールは「スカイプール」という名称で、建物の10階部分に設置され、まるで空に浮いているように見える。このプールからは有名な観覧車「ロンドン・アイ」や国会議事堂などロンドンの名所が望めるという。

アメリカ英語です。まずは、ナチュラル音声を聞いて内容を推測しましょう。
次に、ページをめくって、ゆっくり音声（ポーズ入り）に進みましょう。

Tasmanian Devil Makes a Comeback

Name the world's largest carnivorous marsupial. If you said "Tasmanian devil," you're pretty smart. Usually, you'll find these things on the Australian island of Tasmania. Conservationists say they used to be on the mainland but died out because of disease and competition from dingoes. Efforts to reintroduce them to the continent are making progress. A wildlife sanctuary says seven Tasmanian-devil babies were just born in the Australian wild.

Aired on May 28, 2021

TOEIC-style Questions

内容を正しく把握できたか、TOEIC® L&Rテスト Part 4 形式の問題で確かめましょう。［正解は次ページ］

1. Where can these marsupials now be found?

   (A) Only on the island of Tasmania

   (B) Only on the Australian mainland

   (C) On both Tasmania and the mainland

   (D) Only in wildlife sanctuaries

2. What does this news report say is being done for Tasmanian devils?

   (A) Efforts to reduce the population of dingoes

   (B) Attempts to increase their numbers on the mainland

   (C) Programs to save them on Tasmania

   (D) Research to find cures for marsupial diseases

豪州本土では絶滅していた
タスマニアデビルが再び生息し始めました。

タスマニアデビルの赤ちゃんが
豪州本土で誕生！

世界最大の肉食有袋動物の名前を挙げてください。もし「タスマニアデビル」と答えたなら、あなたはかなり賢いですね。通常、この生き物はオーストラリアのタスマニア島で見られます。自然保護活動家によれば、それらはかつてオーストラリア本土にも生息していたのですが、病気やディンゴとの生存競争によって絶滅しました。タスマニアデビルを本土に再導入しようとする取り組みが進んでいます。ある野生動物保護区によれば、オーストラリアの野生環境で7匹のタスマニアデビルの赤ちゃんが生まれたばかりです。

（2021年9月号掲載）（訳　編集部）

重要ボキャブラリー

☐ **carnivorous** [kɑːrnívərəs]	肉食の、肉食性の	
☐ **marsupial** [mɑːrsúːpiəl]	有袋（ゆうたい）類、有袋動物	
☐ **conservationist** [kὰnsərvéiʃənist]	自然保護活動家、環境保護論者	
☐ **competition from** [kὰmpətíʃən]	〜との争い、競争	
☐ **wildlife sanctuary** [sǽnktʃuèri]	野生生物保護区	

TOEIC-style Questions の答え

1.（C）

2.（B）

設問の語注

reduce	〜を減らす
population	人口、生息数
attempt to do	〜しようとする試み
increase	〜を増やす
research	研究、調査
cure	治療、治療法

写真：Chris Fithall/Flickr

区切り聞き／シャドーイング ゆっくり音声［ポーズ入り］

ゆっくり音声の適切な個所にポーズ（無言の間）が入れてあります。区切り聞きしてみましょう。
また、ポーズのところで、直前に聞き取った英語を自分で声に出すシャドーイング練習をしてみましょう。
自信がついたら、ポーズなしのゆっくり音声で、さらにはナチュラル音声でも練習してみてください。

Name the world's largest carnivorous marsupial.//
If you said "Tasmanian devil,"/
you're pretty smart.//

Usually,/
you'll find these things on the Australian island of Tasmania.//

Conservationists say/
they used to be on the mainland/
but died out/
because of disease and competition from dingoes.//

Efforts to reintroduce them to the continent are making progress.//
A wildlife sanctuary says/
seven Tasmanian-devil babies were just born/
in the Australian wild.//

語注

name: ～の名前を挙げる	**conservationist:** 自然保護活動家、環境保護論者	**disease:** 病気、疾病	**reintroduce A to B:** AをBに再導入する、復活させる
carnivorous: 肉食の、肉食性の	**used to be:** かつては～であった	**competition from:** ～との争い、競争	**continent:** 大陸
marsupial: 有袋（ゆうたい）類、有袋動物	**mainland:** 本土、大陸	**dingo:** ディンゴ ▶オーストラリアに生息するイヌ科の動物。	**make progress:** 進歩する、進展する
smart: 利口な、賢い	**die out:** 死に絶える、絶滅する		**wildlife sanctuary:** 野生生物保護区

ポーズのところで区切った日本語訳です。区切り聞きした英語の意味を確認するほか、
日本語を見て区切られた部分ごとに英語に言い換える「反訳」の練習(日→英サイトトランスレーション)を
すれば発信型の英語力がアップします。

世界最大の肉食有袋<ruby>動物<rt>ゆうたい</rt></ruby>の名前を挙げよ。//

もし「タスマニアデビル」と答えたなら /

あなたはかなり賢い。//

通常 /

この生き物はオーストラリアのタスマニア島で見られる。//

自然保護活動家によれば /

それらはかつては本土にも生息していた /

だが、絶滅した /

病気やディンゴとの生存競争のせいで。//

タスマニアデビルを本土に再導入しようとする取り組みが進んでいる。//

ある野生動物保護区によれば /

7匹のタスマニアデビルの赤ちゃんが生まれたばかりだ /

オーストラリアの野生環境で。//

ワンポイント解説

□ 1行目は「～の名前を挙げよ」という命令文。ここに出てくる carnivorous は「肉食の」という意味のやや難しい単語だが、carni- の部分は carnival(謝肉祭)や incarnation(受肉)などにも見られるように、「肉」を意味する。対義語の「草食の」は herbivorous、「雑食の」は omnivorous である。

□ 10行目は文頭から continent までが主語。

□ オーストラリア固有の有袋(ゆうたい)類タスマニアデビルは、体長60センチ前後で、攻撃的な肉食性。寿命は5年とされるが、本土では400年前に絶滅し、タスマニア島でも1990年代から伝染性のガンが広がり、寿命を全うできるものが急減した。そこで、保護団体が本土の国立公園内に26匹を放ったところ、2021年5月に6匹のメスが出産した。本土での自然繁殖は3000年ぶりだという。

アメリカ英語です。まずは、ナチュラル音声を聞いて内容を推測しましょう。
次に、ページをめくって、ゆっくり音声（ポーズ入り）に進みましょう。

Record Price for Chinese Liquor

A rare case of China's fiery national liquor has sold for nearly $1.4 million in London. Auction house Sotheby's says that's the highest price ever paid for a single lot of Moutai outside China and more than five times what was expected. It included 24 bottles of Moutai sold under the Sunflower brand, from 1974.

Aired on June 22, 2021

TOEIC-style Questions
内容を正しく把握できたか、TOEIC® L&RテストPart 4形式の問題で確かめましょう。［正解は次ページ］

1. How many bottles of Moutai were sold in this auction sale?

(A) One

(B) 14

(C) At least 24

(D) 74

2. What price did they sell for?

(A) Almost $1 million

(B) Between $1 million and $2 million

(C) Nearly $4 million

(D) More than $5 million

中国のマオタイ酒の希少品が
ロンドンでの競売でかつてない値を付けました。

中国国外で史上最高値を付けた マオタイ酒

ロンドンで、中国を代表する強烈な蒸留酒の希少な1箱が、140万ドル（約1億5000万円）近くの価格で売れました。競売会社のサザビーズによれば、それは中国国外でマオタイ酒の単一ロットに支払われた額としては史上最高で、予想された額の5倍以上でした。それに含まれていたのは、「サンフラワー」ブランドで販売されていたマオタイ酒24本で、1974年産のものです。

（2021年10月号掲載）（訳　編集部）

重要ボキャブラリー

☐ **liquor** [líkər]	《タイトル》アルコール飲料、（特にウイスキーなどの）蒸留酒
☐ **fiery** [fáiəri]	燃えるような、強烈な
☐ **auction house** [ɔ́:kʃən]	競売会社、オークション会社
☐ **Sotheby's** [sʌ́ðəbiz]	サザビーズ（ロンドンの老舗競売会社）
☐ **expect** [ikspékt]	～を期待する、予想する

TOEIC-style Questions の答え

1. (C)

2. (B)

設問の語注

at least	少なくとも、最低でも
almost	ほとんど～、大体～

ゆっくり音声の適切な個所にポーズ（無言の間）が入れてあります。区切り聞きしてみましょう。
また、ポーズのところで、直前に聞き取った英語を自分で声に出すシャドーイング練習をしてみましょう。
自信がついたら、ポーズなしのゆっくり音声で、さらにはナチュラル音声でも練習してみてください。

A rare case of China's fiery national liquor has sold/
for nearly \$1.4 million/
in London.//

Auction house Sotheby's says/
that's the highest price ever paid/
for a single lot of Moutai outside China/
and more than five times what was expected.//

It included 24 bottles of Moutai/
sold under the Sunflower brand,/
from 1974.//

語注

record:《タイトル》記録的な、記録破りの **liquor:**《タイトル》アルコール飲料、（特にウイスキーなどの）蒸留酒 **rare:** まれな、珍しい	**fiery:** 燃えるような、強烈な **national:** 国民的な、国を代表するような **sell for:** ～の価格で売られる **nearly:** ほぼ～、～近く	**auction house:** 競売会社、オークション会社 **Sotheby's:** サザビーズ ▶ロンドンの老舗競売会社。 **lot:**（まとめて取引される商品の）ひと山、ロット	**Moutai:** マオタイ酒 ▶コウリャンなどを原料とする蒸留酒。 **expect:** ～を期待する、予想する **sunflower:** ヒマワリ

ポーズのところで区切った日本語訳です。区切り聞きした英語の意味を確認するほか、
日本語を見て区切られた部分ごとに英語に言い換える「反訳」の練習(日→英サイトトランスレーション)を
すれば発信型の英語力がアップします。

中国を代表する強烈な蒸留酒の希少な1箱が売れた /

140万ドル（約1億5000万円）近くの価格で /

ロンドンで。//

競売会社のサザビーズによれば /

それはこれまで支払われた中で最高額だ /

中国国外でマオタイ酒の単一ロットに対するものとしては /

そして予想された額の5倍以上だ。//

それに含まれていたのは24本のマオタイ酒で /

「サンフラワー」ブランドで販売されていた /

1974年産のものだ。//

American

ワンポイント解説

□ 4 ～ 7 行目の文は Auction house Sotheby's says (that) that's... と接続詞 that が省略された形。この文の that's には補語が 2 つあり、その 1 つ目は the highest...China で、ever paid...China の部分は the highest price を後ろから修飾している。2 つ目の補語は more than five times what was expected で、「予想されたものの 5 倍以上」の意。X times... (…の X 倍) の 「...」 に what was expected がきている。

□ 白酒（パイチュウ）はコウリャンや小麦、トウモロコシなどを原料とした中国の蒸留酒だが、貴州省仁懐県茅台鎮で作られるマオタイ（茅台）酒もその一種。ニクソン大統領の訪中時に毛沢東が振る舞ったことなどで有名で、中国を代表する酒とされる。マオタイ酒は希少なため、中国では貴金属や美術品のような実物資産として扱われることもあるという。中でも「サンフラワー」ブランドは高級とされている。

イギリス英語（厳密には南アフリカ英語）です。まずは、ナチュラル音声を聞いて内容を推測しましょう。次に、ページをめくって、ゆっくり音声（ポーズ入り）に進みましょう。

Juneteenth Becomes Federal Holiday

And around the country, people are marking the first Juneteenth as a federal holiday. Juneteenth celebrates the end of slavery in the US and the day in 1865 when former slaves in Galveston, Texas, were finally told slaves in the US were freed. President Biden signed the Juneteenth-holiday bill into law on Thursday. He gave the "first pen" to 94-year-old Opal Lee, the woman known as "the grandmother of Juneteenth." She helped lead the fight to make the day a federal holiday.

Aired on June 20, 2021

リスニングのポイント
解説：南條健助(桃山学院大学国際教養学部准教授)

「オ」に近く聞こえる母音は、長母音と短母音で響きが異なる。

6行目のlaw on
[ルーアン]

このアンカーは、南アフリカ英語の話し手ですが、イギリス英語に近い発音です。イギリス英語では、「オ」に近く聞こえる母音は、長母音と短母音で響きが異なります。日本の英和辞典の中には、イギリス英語のlawの長母音とonの短母音に同じ発音記号を用い、日本語の「オー」と「オ」のように、長短だけで区別をしている

ものがあります。しかし、実際は、両者は長短だけでなく響きが異なります。lawの長母音は、唇をかなり強く丸めて発音され、「オー」と「ウー」の中間くらいの響きがします。onの短母音は、日本語の「オ」よりも口の開きが大きく、唇の丸めも弱いため、「オ」と「ア」の中間くらいの響きがします。そのため、ここでは、law onが[ルーアン]のように聞こえます。なお、アメリカ英語では、lawの長母音は、「オー」と「アー」の中間くらいの響きになります。話し手によっては、「アー」のように聞こえることも少なくありません。

奴隷解放記念日に当たる6月19日が
連邦祝日になりました。

「ジューンティーンス」が
米国の連邦祝日に

さて、全米各地で人々が連邦祝日としては初めてのジューンティーンス（6月19日）を祝っています。ジューンティーンスは、米国の奴隷制廃止と1865年のこの日を記念するものです。1865年のこの日、テキサス州ガルベストンで奴隷だった人々にもついに告げられたのです、米国の奴隷は解放されていると。バイデン大統領は、木曜日、ジューンティーンスの祝日化法案に署名して法律として成立させました。大統領は、その「大統領のペン」を、「ジューンティーンスの祖母」として知られる94歳の女性、オパル・リーさんに贈呈しました。彼女がひと役買ったことで、この日を連邦祝日にするための闘いが進展したのです。

（2021年10月号掲載）（訳　石黒円理）

重要ボキャブラリー

- [ ] **Juneteenth**
  [dʒùːntíːnθ]
  《タイトル》ジューンティーンス（6月のJuneと19日のnineteenthの混成語）

- [ ] **federal holiday**
  [fédərəl hάlədèi]
  《タイトル》連邦政府の定める祝日、連邦祝日

- [ ] **slavery**
  [sléivəri]
  奴隷制、奴隷制度

- [ ] **sign a bill into law**
  [sáin]
  法案に署名して法律として成立させる

- [ ] **(be) known as**
  [nóun]
  ～として知られている、人呼んで～だ

ニュースのミニ知識

南北戦争さなかの1863年1月1日、当時アメリカの大統領であったエイブラハム・リンカーンが奴隷解放宣言に署名した。しかし、最後まで奴隷制が残っていたテキサス州において実際に奴隷が自由の身になったのは、リンカーンの署名から約2年半後の1865年6月19日であった。この記念すべき日「June nineteenth」が「Juneteenth」と略して呼ばれるようになり、全米各地でそれぞれに祝われてきた。バイデン大統領は、これを国全体で祝うようにするために、2021年から連邦祝日にした。

British

And around the country, /
people are marking the first Juneteenth /
as a federal holiday. //

Juneteenth celebrates the end of slavery in the US /
and the day in 1865 /
when former slaves in Galveston, Texas, were finally told /
slaves in the US were freed. //

President Biden signed the Juneteenth-holiday bill into law on
Thursday. //
He gave the "first pen" to 94-year-old Opal Lee, /
the woman known as "the grandmother of Juneteenth." //
She helped lead the fight /
to make the day a federal holiday. //

語注

Juneteenth:《タイトル》ジューンティーンス ▶6月のJune と19日のnineteenthの混成語。 **federal holiday:**《タイトル》連邦政府の定める祝日、連邦祝日	**mark:** ～を記念する、祝賀する **celebrate:** ～を祝う、記念する **slavery:** 奴隷制、奴隷制度 **former:** 元の、かつての	**slave:** 奴隷 **Galveston:** ガルベストン ▶米国テキサス州南東部の都市。奴隷解放宣言が最後になされた地。 **finally:** ついに、ようやく	**free:** ～を解放する、自由にする **sign a bill into law:** 法案に署名して法律として成立させる **(be) known as:** ～として知られている、人呼んで～だ

ポーズのところで区切った日本語訳です。区切り聞きした英語の意味を確認するほか、
日本語を見て区切られた部分ごとに英語に言い換える「反訳」の練習（日→英サイトトランスレーション）を
すれば発信型の英語力がアップします。

さて、国内各地で /
人々が初めてのジューンティーンス（6月19日）を祝っている /
連邦祝日として。//

ジューンティーンスが祝うのは米国の奴隷制廃止だ /
そして1865年のその日だ /
その日、テキサス州ガルベストンで奴隷だった人々がついに告げられた /
米国の奴隷は解放されている、と。//

バイデン大統領は、木曜日、ジューンティーンスの祝日化法案に署名して法律として成立させた。//
彼はその「大統領のペン^{ファースト}」を94歳のオパル・リーさんに贈呈した /
「ジューンティーンスの祖母」として知られる女性だ。//
彼女は闘いを率いる手助けをした /
その日を連邦祝日にするために。//

British

ワンポイント解説

□ 2行目の mark の目的語は the first...holiday 全体。Juneteenth はこれまでも州単位などで祝日とされてきた。

□ 7行目全体は when から始まる従属節の中の従属節。told の後に that が省略されている。

□ 10行目の first は first lady、first family などと同様、「大統領の」という意味。

□ テキサス州で全米最後の奴隷が解放されてから156年がたった2021年、バイデン大統領がジューンティーンスの祝日化法案に署名したが、それに立ち会ったのがオパル・リーさんである。彼女は、市民活動家として全米各地を訪れ、奴隷解放宣言が全米に行き渡るのに要した2年間半を表す2.5マイル（約4キロ）を行進し、連邦祝日化のための署名を集めたことで知られている。

イギリス英語（厳密には南アフリカ英語）です。まずは、ナチュラル音声を聞いて内容を推測しましょう。
次に、ページをめくって、ゆっくり音声（ポーズ入り）に進みましょう。

Yo-Yo Ma Plays at Vaccination Clinic

One of the most famous musicians in the world, treating people at a vaccination clinic to an impromptu performance on Friday. That is cellist Yo-Yo Ma. He'd just received his second vaccination shot at the Berkshire Community College in Massachusetts. He had to wait 15 minutes to make sure there were no side effects before he could leave. A spokesperson for the vaccination project says Ma elected to use that time to serenade the clinic because he, quote, "wanted to give something back."

Aired on March 14, 2021

TOEIC-style Questions

内容を正しく把握できたか、TOEIC® L&Rテスト Part 4 形式の問題で確かめましょう。[正解は次ページ]

1. Where was Yo-Yo Ma reported to be?	**2. What did he do there?**
(A) In Massachusetts	(A) He helped vaccinate people.
(B) At a vaccination clinic	(B) He played the cello.
(C) At Berkshire Community College	(C) He gave a donation to the clinic.
(D) All of the above	(D) He suffered side effects.

世界的に有名なチェロ奏者のヨーヨー・マ氏が
ワクチン接種会場でサプライズ演奏を行いました。

ワクチン接種後に会場で
世界的音楽家が即興演奏

世界で最も有名な音楽家のひとりが、金曜日、ワクチン接種会場のクリニックで人々に即興演奏を振る舞いました。こちらはチェロ奏者のヨーヨー・マ氏です。彼はちょうど、マサチューセッツ州のバークシャー・コミュニティーカレッジで2回目のワクチン接種を受けたところでした。彼は、副反応がないことを確認するために15分待たないと、帰ることができませんでした。このワクチン接種プロジェクトの広報担当者によれば、マ氏はその時間を使って、クリニックにいる人々のためにセレナーデを演奏することにしたのです。というのも、彼いわく、「何かお返しをしたかった」からだそうです。

（2021年7月号掲載）（訳　編集部）

British

重要ボキャブラリー

- □ **vaccination**
  [væ̀ksənéiʃən]　《タイトル》ワクチン接種、予防接種
- □ **impromptu**
  [imprɔ́mptjuː]　即興の、即席の
- □ **cellist**
  [tʃélist]　チェロ奏者、チェリスト
- □ **side effect**
  [sáid ifèkt]　副作用、副反応
- □ **serenade**
  [sèrənéid]　〜のためにセレナーデを奏でる

TOEIC-style Questions の答え

1. （D）

2. （B）

設問の語注

vaccinate	〜にワクチン接種を行う
cello	チェロ
donation	寄付
suffer	〜を患う

ゆっくり音声の適切な個所にポーズ（無言の間）が入れてあります。区切り聞きしてみましょう。
また、ポーズのところで、直前に聞き取った英語を自分で声に出すシャドーイング練習をしてみましょう。
自信がついたら、ポーズなしのゆっくり音声で、さらにはナチュラル音声でも練習してみてください。

One of the most famous musicians in the world, /
treating people at a vaccination clinic to an impromptu performance/
on Friday. //

That is cellist Yo-Yo Ma. //
He'd just received his second vaccination shot/
at the Berkshire Community College in Massachusetts. //

He had to wait 15 minutes/
to make sure there were no side effects/
before he could leave. //

A spokesperson for the vaccination project says/
Ma elected to use that time/
to serenade the clinic/
because he, quote, "wanted to give something back." //

語注

vaccination: 《タイトル》ワクチン接種、予防接種 **clinic:** 《タイトル》外来診療所、クリニック **treat A to B:** AをBでもてなす、AにBを振る舞う	**impromptu:** 即興の、即席の **performance:** 演奏、上演 **cellist:** チェロ奏者、チェリスト **shot:** 《話》注射	**make sure (that):** ～であることを確認する、確かめる **side effect:** 副作用、副反応 **elect to do:** ～することを選択する、～することに決める	**serenade:** ～のためにセレナーデを奏でる **quote:** 引用始め **give...back:** …をお返しとしてあげる、…で報いる

ポーズのところで区切った日本語訳です。区切り聞きした英語の意味を確認するほか、
日本語を見て区切られた部分ごとに英語に言い換える「反訳」の練習(日→英サイトトランスレーション)を
すれば発信型の英語力がアップします。

世界で最も有名な音楽家のひとりが /

ワクチン接種会場のクリニックで人々に即興演奏を振る舞った /

金曜日に。//

こちらはチェロ奏者のヨーヨー・マ氏だ。//

彼はちょうど2回目のワクチン接種を受けたところだった /

マサチューセッツ州のバークシャー・コミュニティー・カレッジで。//

彼は15分待つ必要があった /

副作用がないことを確認するために /

帰れるようになる前に。//

このワクチン接種プロジェクトの広報担当者によれば /

マ氏はその時間を使うことにした /

クリニックにいる人々のためにセレナーデを演奏することに /

というのも、彼いわく、「何かお返しをしたかった」からだそうだ。//

British

ワンポイント解説

□ 1〜3行目は述語動詞のない不完全文。ニュースでは、中心となる名詞句とそれを修飾する分詞構文で文をつないでいくことがよくある。

□ 4行目の cellist を「ナチュラル音声」のアンカーは「セリスト」と発音しているが、英語での正しい発音は「チェリスト」(重要ボキャブラリーの発音記号参照)。「ゆっくり音声」では正しく収録されている。

□ 世界的に有名な中国系アメリカ人のチェロ奏者ヨーヨー・マ氏は、2021年3月にマサチューセッツ州のカレッジ内に臨時設置されたクリニックで2回目のワクチン接種を受けたが、接種後の待機時間にシューベルトの「アベ・マリア」などを即興で演奏した。その際はマスクをし、他人との距離にも配慮していたという。マ氏はこれまでもコロナ禍の社会を支える人たちのためにミニコンサートなどを行っている。

イギリス英語です。まずは、ナチュラル音声を聞いて内容を推測しましょう。
次に、ページをめくって、ゆっくり音声（ポーズ入り）に進みましょう。

Shohei Ohtani Matches Babe Ruth

On Monday, baseball's Shohei Ohtani accomplished a feat not seen in nearly a century: taking the mound as his team's starting pitcher while simultaneously leading the league in home runs. The last man staking a claim to such an effort? Herman "Babe" Ruth, on June 13, 1921. When the Angels sent Ohtani to the bump to start the club's game in Texas, he did so having hit seven home runs on the season, good for a tie with seven other players atop all of Major League Baseball.

Posted on April 27, 2021

TOEIC-style Questions

内容を正しく把握できたか、TOEIC® L&RテストPart 4形式の問題で確かめましょう。[正解は次ページ]

1. What did Babe Ruth do on June 13, 1921?

(A) He took the mound.

(B) He hit his first home run of the season.

(C) He played for high stakes.

(D) He made an effort at last.

2. According to this news report, how many players have hit seven home runs when Ohtani was sent to the mound?

(A) Seven players

(B) Eight players

(C) A bunch of players

(D) The information is not privided.

投手と打者の「二刀流」を貫く大谷選手（左）は
伝説的なベーブ・ルース選手（右）を想起させます。

大谷翔平、
二刀流でメジャーの伝説に挑む

月曜日、野球の大谷翔平選手が1世紀近く見られなかった偉業を達成しました。すなわち、チームの先発投手としてマウンドに立ちましたが、そのとき本塁打数でもリーグのトップに立っていたのです。最後にそんなことをやってのけたと言える人物は？　ハーマン・"ベイブ"・ルース選手で、1921年6月13日のことです。エンゼルスはテキサスでの試合で大谷選手を先発のマウンドに送り出しましたが、その時点で彼は今シーズン7本の本塁打を打っており、他の7選手と並んでメジャーリーグ全選手のトップに立っていました。

(2021年9月号掲載)（訳　田中国光）

重要ボキャブラリー		TOEIC-style Questions の答え	
□ **feat** [fíːt]	手柄、偉業	**1.** （A）	
□ **take the mound** [máund]	マウンドに立つ、登板する	**2.** （B）	
□ **simultaneously** [sìməltéiniəsli | sài-]	同時に、一緒に	設問の語注	
□ **stake a claim to** [kleim]	〜の権利を主張する、〜は自分の物だと言う	**play for high stakes**	大ばくちを打つ
		make an effort	努力する
□ **bump** [bʌ́mp]	（野球の）マウンド	**according to**	〜によると
		a bunch of	たくさんの、大勢の

ゆっくり音声の適切な個所にポーズ（無言の間）が入れてあります。区切り聞きしてみましょう。
また、ポーズのところで、直前に聞き取った英語を自分で声に出すシャドーイング練習をしてみましょう。
自信がついたら、ポーズなしのゆっくり音声で、さらにはナチュラル音声でも練習してみてください。

On Monday,/
baseball's Shohei Ohtani accomplished a feat/
not seen in nearly a century:/
taking the mound as his team's starting pitcher/
while simultaneously leading the league in home runs.//

The last man staking a claim to such an effort?//
Herman "Babe" Ruth, on June 13, 1921.//

When the Angels sent Ohtani to the bump/
to start the club's game in Texas,/
he did so having hit seven home runs on the season,/
good for a tie with seven other players/
atop all of Major League Baseball.//

語注

match:《タイトル》～に匹敵する、～の好敵手である **accomplish:** ～を成し遂げる、達成する **feat:** 手柄、偉業	**nearly:** ほぼ～、～近く **take the mound:** マウンドに立つ、登板する **starting pitcher:** 先発投手 **simultaneously:** 同時に、一緒に	**lead A in B:** Bに関しAの首位に立つ、Aのトップである **stake a claim to:** ～の権利を主張する、～は自分の物だと言う **effort:** 努力、努力の成果	**bump:**（野球の）マウンド **atop:** ～の頂点に、トップに **Major League Baseball:** メジャーリーグ、大リーグ ▶略称MLB。

ポーズのところで区切った日本語訳です。区切り聞きした英語の意味を確認するほか、
日本語を見て区切られた部分ごとに英語に言い換える「反訳」の練習（日→英サイトトランスレーション）を
すれば発信型の英語力がアップします。

月曜日 /

野球の大谷翔平が偉業を達成した /

1 世紀近く見られなかったものだ /

すなわち、チームの先発投手としてマウンドに立ったが /

そのとき本塁打数でもリーグのトップに立っていたのだ。//

最後にそれほどのことをやってのけたと言える人物は？ //

ハーマン・"ベイブ"・ルースで、1921 年 6 月 13 日のことだ。//

エンゼルスが大谷をマウンドに送り出したとき /

テキサスでの試合で先発させるために /

彼はそうするまでに今シーズン 7 本の本塁打を打っていた /

他の 7 選手と同数にあたり /

メジャーリーグ全選手のトップに立っていた。//

British

ワンポイント解説

□ 3 行目全体は、その直前の a feat を後ろから修飾している。また、4 〜 5 行目全体は、a feat を具体的に言い換えた動名詞節。

□ 10 行目の having は助動詞 have の現在分詞、hit は過去分詞で、having 以下は完了形の分詞構文。分詞構文が主文（ここでは he did so）の後ろに置かれた場合、「主文と同時に、主文の時点で」ということを表している。

□ エンゼルスの大谷翔平選手は、2021 年のシーズン開幕早々から投打に大活躍を見せ、4 月 26 日には本塁打争いの首位でありながら先発投手を務めるという快挙を成し遂げた。メジャーの「二刀流」の元祖とされるのが球史の伝説的存在ベーブ・ルース（1895-1948）で、1918 年には投手として 13 勝、打者として 11 本塁打の成績を残している。9 月 21 日時点で 9 勝、44 本塁打の大谷の最終成績はどうなる？

イギリス英語（厳密には南アフリカ英語）です。まずは、ナチュラル音声を聞いて内容を推測しましょう。
次に、ページをめくって、ゆっくり音声（ポーズ入り）に進みましょう。

Boris and Carrie Said to Have Wed

Love finds a way, even in a pandemic, and No. 10 Downing Street seems no exception. British Prime Minister Boris Johnson reportedly married his girlfriend, Carrie Symonds, on Saturday in a low-key ceremony as required by government rules. Those rules were recently relaxed to allow up to 30 guests. According to the British press, it was a, quote, "secret wedding" at Westminster Cathedral with some close friends and family in attendance.

Aired on May 30, 2021

TOEIC-style Questions

内容を正しく把握できたか、TOEIC® L&Rテスト Part 4 形式の問題で確かめましょう。［正解は次ページ］

1. Where was the wedding reportedly held?	2. How many guests attended the wedding?
(A) At the bride's home	(A) Under 10
(B) In a government office	(B) 13
(C) At No. 10 Downing Street	(C) About 30
(D) At Westminster Cathedral	(D) The information is not provided.

コロナ禍での結婚式は
密を避けた控えめなものでした。

英国ジョンソン首相が
コロナ禍に「秘密の結婚式」

British

たとえパンデミックのさなかにあっても、愛は必ず成就します。そして、それは英国首相官邸も例外ではないようです。伝えられるところによると、ボリス・ジョンソン英国首相は土曜日に交際相手のキャリー・シモンズさんと結婚しましたが、政府の規則に従って控えめな式だったようです。その規則は最近、招待客を最大30人まで入れられるように緩和されました。英国の報道機関によれば、それはウェストミンスター大聖堂で行われた、いわく「秘密の結婚式」で、出席したのは何人かの親しい友人と家族だそうです。

(2021年10月号掲載)(訳　編集部)

重要ボキャブラリー

☐ **(be) no exception** [iksépʃən]	例外ではない
☐ **low-key** [lóu kíː]	控えめな、地味な
☐ **ceremony** [sérəmòuni]	式典、儀式
☐ **relax** [riléks]	〜を緩める、緩和する
☐ **in attendance** [əténdəns]	出席して、参列して

TOEIC-style Questions の答え

1.（D）

2.（D）

設問の語注

bride	花嫁、新婦
attend	〜に出席する、参列する
provide	〜を提供する、与える

写真：10 Downing Street/Wikimedia Commons

ゆっくり音声の適切な個所にポーズ（無言の間）が入れてあります。区切り聞きしてみましょう。
また、ポーズのところで、直前に聞き取った英語を自分で声に出すシャドーイング練習をしてみましょう。
自信がついたら、ポーズなしのゆっくり音声で、さらにはナチュラル音声でも練習してみてください。

Love finds a way, /
even in a pandemic, /
and No. 10 Downing Street seems no exception. //

British Prime Minister Boris Johnson reportedly married his girlfriend, Carrie Symonds, /
on Saturday in a low-key ceremony /
as required by government rules. //

Those rules were recently relaxed /
to allow up to 30 guests. //

According to the British press, /
it was a, quote, "secret wedding" at Westminster Cathedral /
with some close friends and family in attendance. //

語注

wed:《タイトル》結婚する▶タイトルのwedは過去分詞。	**No.10 Downing Street:** ダウニング街10番地、英国首相官邸	**low-key:** 控えめな、地味な	**up to:** 最大で、最多で
find a way: 方法を見つける	**(be) no exception:** 例外ではない	**ceremony:** 式典、儀式	**Westminster Cathedral:** ウェストミンスター大聖堂
pandemic: 感染症の世界的流行、パンデミック	**reportedly:** 伝えられるところによると	**require:** 〜を要請する、義務づける	**in attendance:** 出席して、参列して
		relax: 〜を緩める、緩和する	

ポーズのところで区切った日本語訳です。区切り聞きした英語の意味を確認するほか、
日本語を見て区切られた部分ごとに英語に言い換える「反訳」の練習(日→英サイトトランスレーション)を
すれば発信型の英語力がアップします。

愛は必ず成就する/
たとえパンデミックのさなかにあっても/
そしてそれは、英国首相官邸も例外ではないようだ。//

伝えられるところによるとボリス・ジョンソン英国首相は交際相手のキャ
リー・シモンズさんと結婚した/
土曜日に控えめな式を挙げて/
政府の規則で義務づけられているように。//

その規則は最近緩和された/
招待客を最大30人まで入れられるように。//

英国の報道機関によれば/
それはウェストミンスター大聖堂で行われた、いわく「秘密の結婚式」で/
出席したのは何人かの親しい友人と家族だという。//

ワンポイント解説

□ タイトル内の動詞 wed の過去形・過去分詞形は wedded/wedded と wed/wed がある。

□ 1行目の Love finds a way は一種の決まり文句で、ドラマや歌のタイトルにもなっている。

□ 最下行は付帯状況を表す〈with + O + C〉の形。O が some close friends and family、C が in attendance である。

□ 2021年5月29日、英国のジョンソン首相が結婚式を挙げた。お相手のシモンズさんとは2019年に交際が報じられており、同年中に婚約していたことも翌年報じられた。その2020年には2人の間に男児が生まれている。英国首相が在任中に結婚するのは、1822年以来、実に約200年ぶり。ただ、コロナ禍で集会などの人数制限を行っている立場上、式は官邸の側近などにも知らされず、ひっそりと行われた。

イギリス英語（厳密には南アフリカ英語）です。まずは、ナチュラル音声を聞いて内容を推測しましょう。
次に、ページをめくって、ゆっくり音声（ポーズ入り）に進みましょう。

Spielberg-Netflix Tie-Up

A king of the big-screen blockbuster is teaming up with a streaming giant. On Monday, Netflix announced a new partnership, with Steven Spielberg's production company. The deal will, reportedly, include multiple new feature films each year. The announcement is a sign of changing dynamics in Hollywood, where streaming services have certainly risen to major prominence. It's also a surprising turn from Spielberg, who was actually critical of streaming as recently as 2018.

Aired on June 22, 2021

TOEIC-style Questions

内容を正しく把握できたか、TOEIC® L&RテストPart 4形式の問題で確かめましょう。［正解は次ページ］

1. When was the new partnership announced?	2. What is this partnership said to indicate?
(A) In 2018	(A) That Hollywood dynamics are changing
(B) Last year	(B) That Spielberg is still critical of streaming
(C) On the Monday before this news report	(C) That streaming must now adapt to the big screen
(D) The information is not provided.	(D) That streaming services cannot survive without help

ストリーミングに批判的だった監督も
ネットフリックスと手を組むことになりました。

ついにスピルバーグも
ネットフリックスと提携！

映画界の大ヒット作品作りの帝王がストリーミング最大手と手を組むことに
なりました。月曜日、ネットフリックスは、スティーブン・スピルバーグ氏
の制作会社との新たなパートナーシップを発表しました。報道によれば、そ
の契約には毎年複数の新作長編映画を制作することが含まれています。その
発表はハリウッドにおける勢力図が変化しつつあることの表れで、ハリウッ
ドでストリーミングサービスが大きな注目を浴びるようになっているのは間
違いありません。それはスピルバーグ氏の驚くべき変化でもあります。実は、
つい2018年まで彼はストリーミングに対して批判的だったのですから。

(2021年10月号掲載)（訳　編集部）

重要ボキャブラリー

☐ **blockbuster** [blɔ́kbλ̀stər | blák-]	（映画・本などの）大ヒット作	
☐ **feature film** [fíːtʃər]	長編映画	
☐ **dynamics** [dainǽmiks]	力学、力関係	
☐ **rise to prominence** [prɔ́mənəns | prám-]	名を上げる、注目されるようになる	
☐ **be critical of** [krítikəl]	〜に対して批判的である	

TOEIC-style Questionsの答え

1.（C）

2.（A）

設問の語注

provide	〜を提供する、与える
indicate	〜を示す、示唆する
adapt to	〜に適応する、順応する
survive	生き残る、存続し続ける

ゆっくり音声の適切な個所にポーズ（無言の間）が入れてあります。区切り聞きしてみましょう。
また、ポーズのところで、直前に聞き取った英語を自分で声に出すシャドーイング練習をしてみましょう。
自信がついたら、ポーズなしのゆっくり音声で、さらにはナチュラル音声でも練習してみてください。

A king of the big-screen blockbuster is teaming up with a streaming giant.//
On Monday,/
Netflix announced a new partnership,/
with Steven Spielberg's production company.//

The deal will, reportedly, include multiple new feature films each year.//
The announcement is a sign of changing dynamics in Hollywood,/
where streaming services have certainly risen to major prominence.//

It's also a surprising turn from Spielberg,/
who was actually critical of streaming/
as recently as 2018.//

語注

tie-up: 《タイトル》提携、タイアップ	team up with: 〜と手を組む、提携する	feature film: 長編映画	rise to prominence: 名を上げる、注目されるようになる
big-screen: 大画面の、映画の	giant: 巨大企業、最大手	a sign of: 〜の兆し、表れ	turn: 変化、転向
blockbuster: （映画・本などの）大ヒット作	deal: 契約、協定	dynamics: 力学、力関係	be critical of: 〜に対して批判的である
	multiple: 複数の、多数の	certainly: 確実に、疑いなく	

ポーズのところで区切った日本語訳です。区切り聞きした英語の意味を確認するほか、
日本語を見て区切られた部分ごとに英語に言い換える「反訳」の練習(日→英サイトトランスレーション)を
すれば発信型の英語力がアップします。

映画界の大ヒット作品作りの帝王がストリーミング最大手と手を組もうとしている。//

月曜日/

ネットフリックスは新たなパートナーシップを発表した/

スティーブン・スピルバーグ氏の制作会社との。//

伝えられるところによれば、その契約には毎年複数の新作長編映画(を制作すること)が含まれている。//

その発表はハリウッドにおける力関係が変化しつつあることの表れだ/

そしてハリウッドでは間違いなくストリーミングサービスが大きな注目を浴びるようになっている。//

それはスピルバーグ氏の驚くべき変化でもある/

実は、彼はストリーミングに対して批判的だったのだ/

つい2018年まで。//

British

ワンポイント解説

□ 8行目の dynamics は単複同形の名詞。ここでのように「(ある状況での)力関係」の意味では複数扱いになる。

□ 9行目の where は関係副詞。直前にカンマがあるので非制限用と見なすことができ、and there などと置き換えられる。

□ 2021年6月21日、動画配信の世界最大手ネットフリックスが、スピルバーグ監督が会長を務める制作会社アンブリン・パートナーズと契約を結んだと発表した。同監督はもともと劇場公開にこだわりを持ち、ストリーミングサービス向けに制作された作品はアカデミー賞の対象外にすべきだと主張するなどしていたが、コロナ禍で観客が劇場に行くのが難しくなったことなどが影響して、考え方を改めたようだ。

オーストラリア英語です。まずは、ナチュラル音声を聞いて内容を推測しましょう。
次に、ページをめくって、ゆっくり音声（ポーズ入り）に進みましょう。

Six Dr. Seuss Books Axed

Dr. Seuss Enterprises announced it would no longer publish the six titles right there on your screen. The company says the books, quote, "portray people in ways that are hurtful and wrong" and ceasing their sales is part of a commitment to represent and support all communities. *The Cat's Quizzer* and *If I Ran the Zoo* have been singled out in the past for negative and stereotypical depictions of Asians.

Aired on March 3, 2021

リスニングのポイント
解説：南條健助（桃山学院大学国際教養学部准教授）

オーストラリア英語には、長短で区別される母音がある。

2行目のright there
［ライッゼー］

日本語の「おばあさん」と「おばさん」、「通り」と「鳥」などは、母音の長短で区別されますが、英語のleaveとlive、poolとpullなどは、母音の長短ではなく、主として母音そのものの音質で区別されます。例えば、leaveの母音は、日本語の「イー」に近く聞こえるのに対し、liveの母音は、「イ」と「エ」の中間くらいの響きになります。一般に、前者は「長母音」、後者は「短

母音」と言われますが、実際には、leafとlive、meetとmidなどでは、「長母音」とされる母音の方が「短母音」とされる母音より短く発音されることもあります。しかし、オーストラリア英語には、主として長短によって区別される母音のペアがあります。オーストラリア英語のthereの母音は、［エー］と［アー］の中間くらいの響きがする長母音になります。ほかにも、dareが［デー］のように、shareが［シェー］のように聞こえます。その結果、daredとdead、sharedとshedは、主として母音の長短で区別されます（それぞれのペアにおいて、前者は長母音、後者は短母音です）。

出版の打ち切りが発表された
ドクター・スースの絵本6作品。

世界的に大人気の絵本6作が
差別的描写で絶版に

ドクター・スース・エンタープライズ社は、今みなさんの画面に出ている6作品の出版を停止すると発表しました。同社によると、これらの本は、いわく「人を傷つける間違ったやり方で人物描写をしている」もので、その販売を停止することは、すべてのコミュニティーを表現によって支援するという取り組みの一環なのだそうです。『The Cat's Quizzer』と『If I Ran the Zoo』は、過去にも、アジア系の人物について否定的で固定観念にとらわれた描写をしていると指摘されていました。

（2021年7月号掲載）（訳　石黒円理）

重要ボキャブラリー

☐ **portray**
[pɔːrtréi]
〜を描写する、描く

☐ **hurtful**
[hə́ːrtfəl]
人を傷つける、有害な

☐ **cease**
[síːs]
〜をやめる、中止する

☐ **stereotypical**
[stèriətípikəl]
固定観念にとらわれた、ステレオタイプの

☐ **depiction**
[dipíkʃən]
描写、表現

ニュースのミニ知識

世界で最も成功した絵本作家ともいわれるドクター・スース（Dr. Seuss）は、本名Theodor Seuss Geiselで、1904年生まれの米国人。1937年に第1作を刊行以降、1991年に亡くなるまでに60作以上の絵本を手掛けた。著書は数十言語で翻訳出版されており、売り上げは全世界で6億5000万部を超えるとされる。『グリンチ』（*How the Grinch Stole Christmas!*）など映像化された作品も多い。米国では毎年3月2日が「Read Across America Day」という読書の日になっているが、これはドクター・スースの誕生日に由来したもので、同氏の作品は米国中で長く親しまれてきた。

ゆっくり音声の適切な個所にポーズ（無言の間）が入れてあります。区切り聞きしてみましょう。
また、ポーズのところで、直前に聞き取った英語を自分で声に出すシャドーイング練習をしてみましょう。
自信がついたら、ポーズなしのゆっくり音声で、さらにはナチュラル音声でも練習してみてください。

Dr. Seuss Enterprises announced/
it would no longer publish/
the six titles right there on your screen.//

The company says/
the books, quote, "portray people in ways that are hurtful and wrong"/
and ceasing their sales is part of a commitment/
to represent and support all communities.//

The Cat's Quizzer and *If I Ran the Zoo*/
have been singled out in the past/
for negative and stereotypical depictions of Asians.//

語注

ax: 《タイトル》～を打ち切る、中止する	**publish:** ～を出版する、発行する	**cease:** ～をやめる、中止する	**single out:** （複数の候補から）～を選び出す、名指しする
announce (that): ～だと公表する、発表する	**quote:** 引用始め	**commitment:** 関与、取り組み	**stereotypical:** 固定観念にとらわれた、ステレオタイプの
no longer do: もはや～しない	**portray:** ～を描写する、描く	**represent:** ～を表す、描く	**depiction:** 描写、表現
	hurtful: 人を傷つける、有害な	**community:** 共同社会、コミュニティー	

ポーズのところで区切った日本語訳です。区切り聞きした英語の意味を確認するほか、
日本語を見て区切られた部分ごとに英語に言い換える「反訳」の練習(日→英サイトトランスレーション)を
すれば発信型の英語力がアップします。

ドクター・スース・エンタープライズ社は発表した /

同社はもう出版しないと /

今みなさんの画面に出ている6作品を。//

同社によると /

これらの本は、いわく、「人を傷つける間違ったやり方で人物を描写している」
のである /

そして、これらの販売を停止することは取り組みの一部である /

すべてのコミュニティーを描き、支援するための。//

『The Cat's Quizzer』と『If I Ran the Zoo』は /

過去にも名指しされたことがある /

アジア系の人物の描写が否定的で固定観念にとらわれていると。//

Australian

ワンポイント解説

□ 3行目は、このニュースの放送時に画面に映
された6作品、すなわち、『And to Think That I
Saw It on Mulberry Street』(邦題:マルベリー
どおりのふしぎなできごと)、『If I Ran the Zoo』
(邦題:ぼくがサーカスやったなら)、
『McElligot's Pool』、『On Beyond Zebra!』、
『Scrambled Eggs Super!』(邦題:おばけたま
ごのいりたまご)、『The Cat's Quizzer』のこと。

□ドクター・スース作品の登場人物については、
近年、アジア系や黒人などに対する人種差別的
な描写に批判が相次いでおり、今回一部作品の
絶版が決定された。これを受け、米国フロリダ
州オーランドにあるユニバーサル・スタジオで
は、ドクター・スースの世界観を再現したエリ
アの見直しを発表。差別的描写に対する責任あ
る決定が評価される一方で、抹消するのはおか
しいという反論の声もある。

オーストラリア英語です。まずは、ナチュラル音声を聞いて内容を推測しましょう。
次に、ページをめくって、ゆっくり音声（ポーズ入り）に進みましょう。

Plans for Nuclear-Powered Spacecraft

Well, the United Kingdom Space Agency and engine maker Rolls Royce have signed a deal to develop nuclear-powered spacecraft. British science minister Amanda Solloway says the technology could propel astronauts into space faster. The UK Space Agency says nuclear-powered spaceships could make it to Mars in as little as three months, half the time of a chemically propelled craft.

Aired on January 14, 2021

TOEIC-style Questions

内容を正しく把握できたか、TOEIC® L&Rテスト Part 4 形式の問題で確かめましょう。［正解は次ページ］

1. Who will Rolls Royce work with to develop the new spacecraft?

   (A) The United Kingdom Space Agency

   (B) Amanda Solloway

   (C) An engine maker

   (D) The British science minister

2. According to the space agency, how quickly could a nuclear-powered spaceship get to Mars?

   (A) In about a month

   (B) In a little less than three months

   (C) In approximately six months

   (D) In half the time it would take a chemically propelled spacecraft

原子力宇宙船は、
より遠くへ、より高速で行けます。

THE FINAL FRONTIER
UK TO DEVELOP NUCLEAR-POWERED SPACE

英国宇宙局、
原子力宇宙船を民間と共同開発

さて、英国宇宙局とエンジンメーカーのロールス・ロイス社が原子力宇宙船を共同開発する契約を交わしました。英国のアマンダ・ソロウェイ科学大臣は、この技術で宇宙飛行士をより速く宇宙に送り込むことができるだろうと述べています。英国宇宙局によると、原子力宇宙船なら最短たった3カ月で、すなわち化学燃料エンジンを用いた宇宙船の半分の時間で、火星に到着することが可能になるだろうとのことです。

(2021年5月号掲載)(訳　石黒円理)

Australian

重要ボキャブラリー

- [ ] **nuclear-powered**
  [njúːkliər]
  《タイトル》原子力を動力とした
- [ ] **spacecraft**
  [spéiskræft]
  《タイトル》宇宙船
- [ ] **propel**
  [prəpél]
  ～を進ませる、推進する
- [ ] **astronaut**
  [ǽstrənɔ̀ːt]
  宇宙飛行士
- [ ] **chemically**
  [kémikəli]
  化学的に、化学物質によって

TOEIC-style Questions の答え

1. (A)
2. (D)

設問の語注

according to	～によると
quickly	速く、素早く
approximately	およそ～、約～

ゆっくり音声の適切な個所にポーズ（無言の間）が入れてあります。区切り聞きしてみましょう。
また、ポーズのところで、直前に聞き取った英語を自分で声に出すシャドーイング練習をしてみましょう。
自信がついたら、ポーズなしのゆっくり音声で、さらにはナチュラル音声でも練習してみてください。

Well, the United Kingdom Space Agency and engine maker
Rolls Royce/
have signed a deal/
to develop nuclear-powered spacecraft.//

British science minister Amanda Solloway says/
the technology could propel astronauts into space faster.//

The UK Space Agency says/
nuclear-powered spaceships could make it to Mars/
in as little as three months,/
half the time of a chemically propelled craft.//

語注

nuclear-powered:《タイトル》原子力を動力とした	**space agency:** 宇宙局、宇宙機関	**propel:** 〜を進ませる、推進する	**Mars:** 火星
spacecraft:《タイトル》宇宙船	**sign a deal:** 契約書にサインする、契約を結ぶ	**astronaut:** 宇宙飛行士	**as little as:** わずか、たった
the United Kingdom: 英国、イギリス ▶略称UK。	**develop:** 〜を開発する	**spaceship:** 宇宙船	**chemically:** 化学的に、化学物質によって
	science minister: 科学大臣	**make it to:** 〜に至る、たどり着く	**craft:** ＝spacecraft 宇宙船

ポーズのところで区切った日本語訳です。区切り聞きした英語の意味を確認するほか、
日本語を見て区切られた部分ごとに英語に言い換える「反訳」の練習（日→英サイトトランスレーション）を
すれば発信型の英語力がアップします。

ところで、英国宇宙局とエンジンメーカーであるロールス・ロイス社とが /

契約を交わした /

原子力を動力とする宇宙船を開発するために。//

英国のアマンダ・ソロウェイ科学大臣は述べている /

その技術で宇宙飛行士をより速く宇宙に送り込むことができるだろうと。//

英国宇宙局によると /

原子力宇宙船なら火星に到着できる可能性がある /

早ければたった3カ月で /

化学的推進力による宇宙船の半分の時間だ。//

Australian

ワンポイント解説

□ 6行目と8行目の could は、「〜することが
ありえる」という可能性を示している。

□ 9〜10行目は、in as little as three months,
(which is) half the time of... と考えるとよい。

□ 最下行の propelled は動詞 propel の過去分
詞だが、ここでは形容詞の働きをしており、副
詞 chemically は propelled を修飾している。

□火星など遠くの星へ有人飛行するには、宇宙
飛行士の安全のためにもできるだけ飛行時間を
短くする必要がある。また原子力エンジンであ
れば、宇宙船が太陽光発電を利用できないほど
太陽から遠ざかった場合にも十分なエネルギー
を供給できる。そういった事情から、宇宙船を
動かす原子力エンジンの開発を急いでいる。な
お、英国宇宙局と共同開発を担うロールス・ロ
イス社は、有名な高級車の製造元とは別の会社。

オーストラリア英語です。まずは、ナチュラル音声を聞いて内容を推測しましょう。
次に、ページをめくって、ゆっくり音声（ポーズ入り）に進みましょう。

Face Masks Endanger Wildlife

Now, as millions, perhaps billions, of face masks are worn every day amid this pandemic, they may be posing a deadly threat to wildlife. There are images of macaques chewing an old mask there outside Malaysia's capital, and then scenes of marine life trapped beneath PPE in the Mediterranean. Animal-rights and environment groups say single-use surgical masks are endangering animal habitats as they are discarded at[in] staggering numbers worldwide.

Aired on January 16, 2021

TOEIC-style Questions
内容を正しく把握できたか、TOEIC® L&Rテスト Part 4 形式の問題で確かめましょう。[正解は次ページ]

1. According to this news report, what may be posing a deadly threat to wildlife?

(A) A pandemic among animals

(B) Animal-rights groups

(C) Macaques

(D) Used face masks

2. Where is the cause of this threat happening?

(A) Only in Malaysia

(B) Mainly in the Mediterranean

(C) Mostly in the oceans

(D) Worldwide

人を守ってくれるマスクが
野生生物には脅威となっています。

マスクのポイ捨てが
野生生物に脅威をもたらす

さて、このパンデミックのさなかに数百万、もしかしたら数十億ものフェイスマスクが毎日着用されていることで、それらが野生生物に命に関わる脅威をもたらしているかもしれません。こちらにある映像ではマレーシアの首都の郊外でマカクが使用済みのマスクをかじっていますし、地中海で個人用防護具（PPE）の下から抜け出せない海洋生物のシーンもあります。動物の権利団体や環境保護団体によると、使い捨てのサージカルマスクは世界中で驚くべき数が捨てられているのだから、それらが動物の生息地を危険にさらしているということです。

(2021年5月号掲載)（訳　編集部）

Australian

重要ボキャブラリー

- [ ] **endanger**
  [indéindʒər]
  《タイトル》〜を危険にさらす、危うくする
- [ ] **pose a threat to**
  [θrét]
  〜を脅かす、〜に脅威をもたらす
- [ ] **habitat**
  [hæbitæt]
  生息地、生息環境
- [ ] **discard**
  [diskáːrd]
  〜を捨てる、廃棄する
- [ ] **staggering**
  [stǽgəriŋ]
  驚くべき、あ然となる

TOEIC-style Questions の答え

1.（D）
2.（D）

設問の語注

according to	〜によると
cause	原因、理由
mostly	主に、主として

ゆっくり音声の適切な個所にポーズ（無言の間）が入れてあります。区切り聞きしてみましょう。
また、ポーズのところで、直前に聞き取った英語を自分で声に出すシャドーイング練習をしてみましょう。
自信がついたら、ポーズなしのゆっくり音声で、さらにはナチュラル音声でも練習してみてください。

Now, as millions, perhaps billions, of face masks are worn
every day/
amid this pandemic,/
they may be posing a deadly threat to wildlife.//

There are images of macaques chewing an old mask there/
outside Malaysia's capital,/
and then scenes of marine life trapped beneath PPE/
in the Mediterranean.//

Animal-rights and environment groups say/
single-use surgical masks are endangering animal habitats/
as they are discarded in staggering numbers worldwide.//

語注

endanger: 《タイトル》〜を危険に さらす、危うくする **pose a threat to:** 〜を脅かす、〜に脅威 をもたらす **deadly:** 命に関わる、命を奪う ほどの	**macaque:** マカク ▶サルの一種。 **chew:** 〜をかむ、そしゃくする **marine life:** 海洋生物 **(be) trapped:** 抜け出せないでいる、 閉じ込められている	**PPE:** ＝personal protective equipment 個人用防 護具 **the Mediterranean:** 地中海 **single-use:** 1回使い切りの、使い 捨ての	**surgical mask:** 外科手術用マスク、サ ージカルマスク **habitat:** 生息地、生息環境 **discard:** 〜を捨てる、廃棄する **staggering:** 驚くべき、あ然となる

さて、数百万、もしかしたら数十億ものフェイスマスクが毎日着用されているので /

このパンデミックのさなかに /

それらが野生生物に命に関わる脅威をもたらしているかもしれない。//

使用済みのマスクをマカクがかじっている映像がある /

マレーシアの首都の郊外で /

さらに個人用防護具(PPE)の下から抜け出せない海洋生物のシーンもある /

地中海で。//

動物の権利団体や環境保護団体によると /

使い捨てのサージカルマスクは動物の生息地を危険にさらしている /

それらは世界中で驚くべき数が捨てられているのだから。//

Australian

ワンポイント解説

□最下行にある staggering numbers の前にくる前置詞を「ナチュラル音声」のアンカーは at としているが、文法的には in staggering numbers の形にするのが適切。「たくさん、多数で」と言う際は、in large/great numbers のように、前置詞は in を使うのが普通である。なお、「ゆっくり音声」では正しい形で収録されている。

□コロナ禍により世界中で不織布の使い捨てマスクの消費が急増しているが、不織布素材はプラスチックの一種であり、それが捨てられた際の環境への影響が懸念されている。香港を拠点とする海洋保護団体が発表した報告書によると、15億6000枚ほどのマスクが2020年に海に流出したという。試算上は世界のマスク製造量の約3%に当たる。さらには道路などに捨てられるマスクもあり、全体量は膨大になる。

オーストラリア英語です。まずは、ナチュラル音声を聞いて内容を推測しましょう。
次に、ページをめくって、ゆっくり音声 (ポーズ入り) に進みましょう。

Dating System for Grocery Shoppers

Bread, milk and a date for Friday night, perhaps. It's not a typical grocery list, but a German supermarket is giving customers the chance to find love while they shop. Lonely hearts can come on the first Friday of the month, grab a numbered heart balloon and attach it to their shopping cart. Single shoppers let the store know if they're interested in someone, and leave their contact information. The store's owners say they started the event as an alternative to Internet dating.

Aired on March 10, 2021

TOEIC-style Questions
内容を正しく把握できたか、TOEIC® L&Rテスト Part 4 形式の問題で確かめましょう。 [正解は次ページ]

1. What must one do to participate in this program?

(A) Register online

(B) Submit a special shopping list

(C) Shop at any German supermarket

(D) Go to this store on the first Friday of the month

2. How do participants show that they are participating?

(A) By using a numbered heart balloon

(B) By using a heart-shaped shopping cart

(C) By inputting an Internet ID

(D) By displaying a shopping list

このスーパーでは、
風船が交際相手募集の目印です。

スーパーが
買い物客同士の「出会い」を提供

パンと牛乳、それにもしかしたら金曜の晩のデート相手も。それはよくある
買い物リストではありませんが、ドイツのあるスーパーマーケットが、買い
物中に恋人を見つけるチャンスを客に与えています。交際相手を求めている
人たちは、その月の第1金曜日に来ると、番号付きのハート形の風船を取っ
て自分のショッピングカートに取り付けることができます。独り身の買い物
客は、もし誰か気になる人がいれば店に知らせ、自分の連絡先を残していき
ます。その店のオーナーたちによれば、ネットを介した出会いに代わるもの
としてこのイベントを始めたのだそうです。

（2021年7月号掲載）（訳　編集部）

Australian

重要ボキャブラリー		TOEIC-style Questions の答え

□ **grocery**　《タイトル》食料雑貨、
[gróusəri]　日用品

□ **lonely heart**　寂しい人、交際相手を求
[lóunli há:rt]　めている人

□ **attach A to B**　AをBに添える、取り付
[ətǽtʃ]　ける

□ **contact information**　連絡先情報、連絡先
[kɑ́ntækt | kɔ́n-]

□ **alternative to**　～の代替手段、代わりと
[ɔːltə́:rnətiv | æl-]　なるもの

1. (D)

2. (A)

設問の語注

participate in　～に参加する
register　登録する
submit　～を提出する
participant　参加者
input　～を入力する
display　～を表示する、見
せる

ゆっくり音声の適切な個所にポーズ（無言の間）が入れてあります。区切り聞きしてみましょう。
また、ポーズのところで、直前に聞き取った英語を自分で声に出すシャドーイング練習をしてみましょう。
自信がついたら、ポーズなしのゆっくり音声で、さらにはナチュラル音声でも練習してみてください。

Bread, milk and a date for Friday night, perhaps. //
It's not a typical grocery list, /
but a German supermarket is giving customers the chance to find love /
while they shop. //

Lonely hearts can come on the first Friday of the month, /
grab a numbered heart balloon /
and attach it to their shopping cart. //
Single shoppers let the store know /
if they're interested in someone, /
and leave their contact information. //

The store's owners say /
they started the event /
as an alternative to Internet dating. //

語注

dating: 《タイトル》デートすること、デート	**typical:** 典型的な、一般的な	**lonely heart:** 寂しい人、交際相手を求めている人	**attach A to B:** AをBに添える、取り付ける
grocery: 《タイトル》食料雑貨、日用品	**give...a chance to do:** …に〜するチャンスを与える	**grab:** 〜をひっつかむ、さっと取る	**contact information:** 連絡先情報、連絡先
date: デート、デートの相手	**shop:** 買い物をする	**numbered:** 番号を振った、番号付きの	**alternative to:** 〜の代替手段、代わりとなるもの

ポーズのところで区切った日本語訳です。区切り聞きした英語の意味を確認するほか、
日本語を見て区切られた部分ごとに英語に言い換える「反訳」の練習(日→英サイトトランスレーション)を
すれば発信型の英語力がアップします。

パンと牛乳、それにもしかしたら金曜の晩のデート相手も。//

それは一般的な買い物リストではない/

だが、ドイツのあるスーパーマーケットは客に恋人を見つけるチャンスを与えている/

客が買い物している間に。//

交際相手を求めている人たちはその月の第1金曜日に来るとよい/

番号付きのハート形の風船を取ることができる/

そしてそれを自分のショッピングカートに取り付けることができるのだ。//

独り身の買い物客は店に知らせる/

もし誰か気になる人がいれば/

そして自分の連絡先を残していく。//

その店のオーナーたちによれば/

彼らはこのイベントを始めた/

ネットを介した出会いに代わるものとして。//

Australian

ワンポイント解説

□ 6行目の can は、come だけでなく、7行目の grab や8行目の attach にもかかっている。

□ 5行目、10行目、13行目の they はそれぞれ customers、single shoppers、the store's owners という複数の人を受けた代名詞だが、単数の人を受けた場合も性別を特定しないときには they で受けることが多い。

□ このニュースで取り上げられているのはドイツの大手スーパーチェーン、エデカ(Edeka)と思われる。同社は2年ほど前からこのサービスを行っていたようだ。コロナ禍で外出制限が行われても生活必需品を販売するスーパーは営業可能なため、人と人とが触れ合う場として注目を集めるようになっているのだという。フランスの大手スーパー、ルクレール(E.Leclerc)でも同様のイベントが行われた。

オーストラリア英語です。まずは、ナチュラル音声を聞いて内容を推測しましょう。
次に、ページをめくって、ゆっくり音声 (ポーズ入り) に進みましょう。

Vatican Revises Church Law

Well, Pope Francis has issued the most extensive revision to Catholic Church law in nearly four decades, ordering bishops to take action against clerics who sexually abuse minors and vulnerable adults and commit fraud, all these things typically punishable under secular law. But what is not punishable under secular law is ordaining women. The revisions make clear that's also forbidden, with excommunication for the women and clerics involved. The updates have been in the works since 2009.

Aired on June 2, 2021

TOEIC-style Questions

内容を正しく把握できたか、TOEIC L&R®テスト Part 4 形式の問題で確かめましょう。[正解は次ページ]

1. When were the previous extensive revisions made to Catholic Church law?

   (A) Nearly four years ago

   (B) In 2009

   (C) In 2019

   (D) Almost 40 years ago

2. What is not forbidden under secular law?

   (A) Committing fraud

   (B) Ordaining women

   (C) Abusing minors

   (D) Abusing vulnerable adults

カトリック教会法が
約40年ぶりに大改定されました。

カトリック教会法、
大改正で聖職者の罰則強化

さて、フランシスコ教皇は、この40年近くの間で最も広範なカトリック教会法の改正を発表し、未成年者や立場の弱い成人に対し性的虐待を行ったり詐欺を働いたりした聖職者に対する措置を取るよう司祭に命じましたが、これらはすべて世俗の法律では通常は処罰の対象となっています。しかし、世俗法では処罰の対象とならないのが、女性の叙階です。今回の改正は、それも禁止されており、関与した女性と聖職者は破門されることになっていることを明確にしています。これらの改正は2009年から作業が進められていました。

（2021年10月号掲載）（訳　編集部）

Australian

重要ボキャブラリー		TOEIC-style Questionsの答え	
☐ revise [riváiz]	《タイトル》〜を修正する、改定する	**1.**（D）	
☐ cleric [klérik]	聖職者	**2.**（B）	
☐ sexually abuse [əbjúːz]	〜を性的に虐待する、〜に性的虐待を加える	設問の語注	
☐ vulnerable [vʌ́lnərəbl]	攻撃されやすい、立場の弱い	previous	前の、以前の
☐ secular [sékjələr]	現世的な、世俗の	almost	ほとんど〜、大体〜
		abuse	〜を虐待する

ゆっくり音声の適切な個所にポーズ（無言の間）が入れてあります。区切り聞きしてみましょう。
また、ポーズのところで、直前に聞き取った英語を自分で声に出すシャドーイング練習をしてみましょう。
自信がついたら、ポーズなしのゆっくり音声で、さらにはナチュラル音声でも練習してみてください。

Well, Pope Francis has issued the most extensive revision to Catholic Church law in nearly four decades,/
ordering bishops to take action against clerics/
who sexually abuse minors and vulnerable adults and commit fraud,/
all these things typically punishable under secular law.//

But what is not punishable under secular law is ordaining women.//
The revisions make clear/
that's also forbidden,/
with excommunication for the women and clerics involved.//
The updates have been in the works since 2009.//

語注

revise: 《タイトル》～を修正する、改定する	**revision :** 修正、改定	**minor:** 未成年者	**secular:** 現世的な、世俗の
pope: ローマ教皇	**bishop:** (カトリックの) 司教	**vulnerable:** 攻撃されやすい、立場の弱い	**ordain:** ～に聖職位を授ける、～を叙階する
issue: ～を出す、公表する	**cleric:** 聖職者	**commit fraud:** 詐欺を働く	**be forbidden:** 禁じられている
extensive: 広範囲の、広範な	**sexually abuse:** ～を性的に虐待する、～に性的虐待を加える	**punishable:** 罰すべき、罰に値する	**excommunication :** (教会からの) 破門

さて、フランシスコ教皇はこの40年近くの間で最も広範なカトリック教会法の改正を発表した/

そして聖職者に対する措置を取るよう司祭に命じている/

対象となる聖職者は未成年者や立場の弱い成人に対し性的虐待を行ったり詐欺を働いたりした者だ/

そういったことはすべて、世俗の法律では通常、処罰の対象となる。//

だが、世俗法では処罰の対象とならないのが女性の叙階だ。//

今回の改正は明確にする/

それも禁止されていることを/

関与した女性と聖職者が破門されることになっている。//

これらの改正は2009年から作業が進められてきた。//

Australian

ワンポイント解説

□1行目から6行目までは長い1文になっており、主語がPope Francis、述語動詞がhas issued。3〜5行目のordering以下カンマまでは分詞構文(分詞が接続詞と動詞を兼ねた働きをする構文)で、who...fraudはその前のclericsを修飾している。また、6行目は独立分詞構文(主節と主語が異なる分詞構文)で、all these things (being) typically punishable... ということ。

□カトリック教会独自の規則を定めた教会法典(Code of Canon Law)のうち、刑罰法規にあたる「第6集」に1983年以来の大改定が行われ、2021年6月1日にフランシスコ教皇が発表した。今回の改正には性的虐待を行った聖職者の処罰など現代社会に即した対応が多く見られる一方、カトリック教会の伝統を重視して、「女性を叙階しようと試みること」を処罰の対象とすることが明文化された。

重要ボキャブラリーや語注として取り上げたものをまとめてあります。訳語の後ろの数字は、その語いが出てくるニュースの番号を示しています（例：N01=News 01）。そのニュースの文脈を思い出しながら覚えると、語いのニュアンスや使い方も身につきます。

A

- ☐ a sign of: ～の兆し、表れ N15
- ☐ above-ground: 地上の、地表の N08
- ☐ accomplish: ～を成し遂げる、達成する N13
- ☐ across: ～の向こうへ N05
- ☐ adapt...to do: …を～するように変える、改造する N06
- ☐ allow...to do: …が～するのを許す、～できるようにする N08
- ☐ alternative to: ～の代替手段、代わりとなるもの N19
- ☐ announce that: ～だと公表する、発表する N16
- ☐ annual: 年に一度の、毎年の N05
- ☐ apartment complex: （2棟以上から成る）集合住宅、団地 N08
- ☐ approve: ～を認める、承認する N07
- ☐ artificial: 人工の、人工的な N04
- ☐ as little as: わずか、たった N17
- ☐ astronaut: 宇宙飛行士 N17
- ☐ at least: 少なくとも、せめて N02
- ☐ athlete: 運動選手、アスリート N04
- ☐ atop: ～の頂点に、トップに N13
- ☐ attach A to B: A を B に添える、取り付ける N19
- ☐ auction house: 競売会社、オークション会社 N10
- ☐ ax: ～を打ち切る、中止する N16

B

- ☐ be appropriate to: ～にふさわしい、適切である N02
- ☐ be critical of: ～に対して批判的である N15
- ☐ be forbidden: 禁じられている N20
- ☐ be in office: 公職に就いている N07
- ☐ be known as: ～として知られている、人呼んで～だ N11
- ☐ be left behind: 後れを取る、置き去りにされる N01
- ☐ be located: 位置している N03
- ☐ be no exception: 例外ではない N14
- ☐ be on sale: 販売されている、売りに出されている N02
- ☐ be trapped: 抜け出せないでいる、閉じ込められている N18
- ☐ big-screen: 大画面の、映画の N15
- ☐ bishop: （カトリックの）司教 N20
- ☐ blockbuster: （映画・本などの）大ヒット作 N15
- ☐ bloom into: ～へと花開く、展開する N05
- ☐ brew: （ビールなどを）醸造する N02
- ☐ bump: （野球の）マウンド N13
- ☐ Burma: ビルマ（ミャンマーの旧国名）N03

C

- ☐ carnivorous: 肉食の、肉食性の N09
- ☐ cease: ～をやめる、中止する N16
- ☐ celebrate: ～を祝う、記念する N02, N11
- ☐ cellist: チェロ奏者、チェリスト N12
- ☐ ceremony: 式典、儀式 N14
- ☐ certainly: 確実に、疑いなく N15
- ☐ cheap: 安い、安価な N08
- ☐ Cheers.: 乾杯！

- ☐ chemically: 化学的に、化学物質によって N17
- ☐ cherry tree: 桜の木 N05
- ☐ chew: ～をかむ、そしゃくする N18
- ☐ chimney: 煙突 N04
- ☐ civilian: 文民の、民間人の N03
- ☐ clear: 透明な、透き通った N08
- ☐ cleric: 聖職者 N20
- ☐ clime: ～を登る、よじ登る N04
- ☐ clinic: 外来診療所、クリニック N12
- ☐ come up with: ～を思いつく、考え出す N06
- ☐ comfort: ①～を慰める、癒やす ②慰め、癒やし N06
- ☐ commit fraud: 詐欺を働く N20
- ☐ commitment: 関与、取り組み N16
- ☐ community: 共同社会、コミュニティー N16
- ☐ competition from: ～との争い、競争 N09
- ☐ conservationist: 自然保護活動家、環境保護論者 N09
- ☐ constitutional: 憲法の、憲法上の N07
- ☐ contact information: 連絡先情報、連絡先 N19
- ☐ continent: 大陸 N09
- ☐ cost: （お金などが）～だけかかる N08
- ☐ coup: = coup d'etat　クーデター N03, N07
- ☐ COVID: = coronavirus disease　コロナウイルス感染症 N01, N02
- ☐ craft: = spacecraft　宇宙船 N17
- ☐ current: 現在の、今の N07

D

- ☐ date: デート、デートの相手 N19
- ☐ dating: デートすること、デート N19
- ☐ deadly: 命に関わる、命を奪うほどの N18
- ☐ deal: 契約、協定 N15
- ☐ decade: 10 年間、10 年 N03, N05
- ☐ decide to do: ～することを決意する N04
- ☐ demonstrate: ～を表に出す、形にして示す N05
- ☐ depiction: 描写、表現 N16
- ☐ describe A as B: A を B と評する、表現する N07
- ☐ develop: ～を開発する N17
- ☐ die out: 死に絶える、絶滅する N09
- ☐ dingo: ディンゴ（オーストラリアに生息するイヌ科の動物）N09
- ☐ discard: ～を捨てる、廃棄する N18
- ☐ disease: 病気、疾病 N09
- ☐ dynamics: 力学、力関係 N15

E

- ☐ eastern: 東側の、東部の N02
- ☐ effort: 努力、努力の成果 N13
- ☐ elect to do: ～することを選択する、～することに決める N12
- ☐ elected: 選出された、当選した N03
- ☐ election: 選挙、投票 N03
- ☐ endanger: ～を危険にさらす、危うくする N18
- ☐ estate: （広大な）地所、私有地 N02
- ☐ even though: ～だけれども、～にもかかわらず N02
- ☐ excommunication：（教会からの）破門 N20
- ☐ expect: ～を期待する、予想する N10

□ extensive: 広範囲の、広範な N20

F
□ fasten A to B: A を B に留める、固定する N04
□ feat: 手柄、偉業 N13
□ feature film: 長編映画 N15
□ federal holiday: 連邦政府の定める祝日、連邦祝日 N11
□ fiery: 燃えるような、強烈な N10
□ fill A with B: A を B で満たす N06
□ finally: ついに、ようやく N11
□ find a way: 方法を見つける N14
□ foot: フィート（1 フィートは 30.48 センチメートル。複数形は feet）N08
□ forecast: 予測、予報 N01
□ former: 元の、かつての N11
□ free: 〜を解放する、自由にする N11
□ free-climb: フリークライミングで〜を登る N04
□ friendship: 友情、友情関係 N05

G
□ Galveston: ガルベストン（米国テキサス州南東部の都市。奴隷解放宣言が最後になされた地）N11
□ giant: 巨大企業、最大手 N15
□ give...a chance to do: …に〜するチャンスを与える N19
□ give...back: …をお返しとしてあげる、…で報いる N12
□ glove: 手袋 N06
□ grab: 〜をひっつかむ、さっと取る N19
□ grocery: 食料雑貨、日用品 N19

H
□ habitat: 生息地、生息環境 N18
□ heartbreaking: 胸の張り裂けるような、悲痛な N06
□ highlight: 最も興味を引くもの、呼び物 N05
□ hold: 持ち所、ホールド N04
□ house: 議会、議院 N07
□ house arrest: 自宅軟禁 N03
□ hover over: 〜に覆いかぶさる、〜の上にとどまる N01
□ human touch: 人間味、人間的な触れ合い N06
□ hurtful: 人を傷つける、有害な N16

I
□ impromptu: 即興の、即席の N12
□ in attendance: 出席して、参列して N14
□ issue: 〜を出す、公表する N20

J
□ Juneteenth: ジューンティーンス　（6 月の June と 19 日の nineteenth の混成語）N11

K
□ keep...in power: …を権力の座にとどめる N07

L
□ launch: 〜を売り出す、発売する N02
□ lead A in B: B に関し A の首位に立つ、A のトップである N13
□ lift: ①（雲が）晴れる、消える　②〜を持ち上げる N01
□ limit A to B: A を B に制限する N07

□ liquor: アルコール飲料、（特にウイスキーなどの）蒸留酒 N10
□ lonely heart: 寂しい人、交際相手を求めている人 N19
□ lot: （まとめて取引される商品の）ひと山、ロット N10
□ low-key: 控えめな、地味な N14

M
□ macaque: マカク（サルの一種）N18
□ mainland: 本土、大陸 N09
□ Major League Baseball: メジャーリーグ、大リーグ（略称 MLB）N13
□ make it to: 〜に至る、たどり着く N17
□ make progress: 進歩する、進展する N09
□ make sure that: 〜であることを確認する、確かめる N12
□ marine life: 海洋生物 N18
□ mark: 〜を記念する、祝賀する N11
□ Mars: 火星 N17
□ marsupial: 有袋（ゆうたい）類、有袋動物 N09
□ massive: 大規模な、大きな N01
□ match: 〜に匹敵する、〜の好敵手である N13
□ measure: 〜を測る、測定する N06
□ military : ①軍の　②軍、軍部 N03
□ mimic: 〜を模倣する、まねる N06
□ minor: 未成年者 N20
□ Moutai: マオタイ酒（コウリャンなどを原料とする蒸留酒）N10
□ move through: 〜の中を移動する、〜を通り抜ける N08
□ multipitch: 複数のピッチの、マルチピッチの N04
□ multiple: 複数の、多数の N15
□ mutual: 互いの、相互の N05

N
□ name: 〜の名前を挙げる N09
□ national: 国民的な、国を代表するような N10
□ nearly: ほぼ〜、〜近く N10, N13
□ no longer do: もはや〜しない N16
□ No.10 Downing Street: ダウニング街 10 番地、英国首相官邸 N14
□ nuclear-powered: 原子力を動力とした N17
□ numbered: 番号を振った、番号付きの N19

O
□ off the back of: 〜が背景にあって、〜のおかげで N01
□ once: いったん〜した時点で N07
□ opponent: 反対者、敵対者 N03
□ or rather: というより、もっと正確に言うと N02
□ ordain: 〜に聖職位を授ける、〜を叙階する N20
□ outlook: 将来の展望、見通し N01
□ oxygen: 酸素 N06

P
□ pandemic: 感染症の世界的流行、パンデミック N14
□ parliament: 国会、議会 N07
□ party: パーティーをする、どんちゃん騒ぎをする N02
□ patient: 患者、病人 N06
□ performance: 演奏、上演 N12
□ persist: 存続する、なくならない N01
□ pope: ローマ教皇 N20

- portray: 〜を描写する、描く N16
- pose a threat to: 〜を脅かす、〜に脅威をもたらす N18
- power station: 発電所 N04
- PPE: = personal protective equipment 個人用防護具 N18
- preparation: 準備、用意 N04
- projection: 予測、見積もり N01
- propel: 〜を進ませる、推進する N17
- publish: 〜を出版する、発行する N16
- punishable: 罰すべき、罰に値する N20

Q

- quote: 引用始め N12, N16

R

- rare: まれな、珍しい N10
- record: 記録的な、記録破りの N10
- reintroduce A to B: A を B に再導入する、復活させる N09
- relax: 〜を緩める、緩和する N14
- remove: 〜を解任する、排除する N03
- replace: 〜を更迭(こうてつ)する、他の人に置き替える N03
- reportedly: 伝えられるところによると N14
- represent: 〜を表す、描く N16
- require: 〜を要請する、義務づける N14
- revise: 〜を修正する、改定する N20
- revision : 修正、改定 N20
- rise to prominence: 名を上げる、注目されるようになる N15
- rising tide: 上げ潮、上昇傾向 N01
- rollout: 広範な提供、展開 N01
- route: 道筋、ルート N04
- royal family: 王室、王家 N02
- rule: 〜を統治する、支配する N03
- run for: 〜に立候補する N07

S

- science minister: 科学大臣 N17
- secular: 現世的な、世俗の N20
- see-through: 透けて見える、シースルーの N08
- sell for: 〜の価格で売られる N10
- serenade: 〜のためにセレナーデを奏でる N12
- sexually abuse: 〜を性的に虐待する、〜に性的虐待を加える N20
- shape A as B: A を B の形にする N06
- shop: 買い物をする N19
- shot:《話》注射 N12
- side effect: 副作用、副反応 N12
- sign a bill into law: 法案に署名して法律として成立させる N11
- sign a deal: 契約書にサインする、契約を結ぶ N17
- significantly: 大いに、著しく N01
- simultaneously: 同時に、一緒に N13
- single out: (複数の候補から)〜を選び出す、名指しする N16
- single-use: 1 回使い切りの、使い捨ての N18
- slave: 奴隷 N11
- slavery: 奴隷制、奴隷制度 N11
- smart: 利口な、賢い N09
- Sotheby's: サザビーズ(ロンドンの老舗競売社) N10

- space agency: 宇宙局、宇宙機関 N17
- spacecraft: 宇宙船 N17
- spaceship: 宇宙船 N17
- speaking of: 〜と言えば N04
- specifically: 特に、特別に N04
- springtime: 春、春季 N05
- staggering: 驚くべき、あ然となる N18
- stake a claim to: 〜の権利を主張する、〜は自分の物だと言う N13
- starting pitcher: 先発投手 N13
- stereotypical: 固定観念にとらわれた、ステレオタイプの N16
- stimulus plan: (景気などの)刺激策 N01
- stint: (仕事などに)割り当てられた期間 N07
- stretch: 伸びる、広がる N04
- suffer: 苦しむ N06
- sunflower: ヒマワリ N10
- surgical mask: 外科手術用マスク、サージカルマスク N18

T

- take over: (権力などを)奪う、奪取する N03
- take the mound: マウンドに立つ、登板する N13
- team up with: 〜と手を組む、提携する N15
- term: 任期 N07
- thankfully: 幸いなことに N04
- the Mediterranean: 地中海 N18
- the Pacific Ocean: 太平洋 N05
- the United Kingdom : 英国、イギリス(略称 UK) N17
- tie-up: 提携、タイアップ N15
- treat A to B: A を B でもてなす、A に B を振る舞う N12
- turn: 変化、転向 N15
- tweet: 〜をツイートする N06
- two-bedroom: 2 寝室の、2 ベッドルームの N08
- typical: 典型的な、一般的な N19

U

- uneven: 一様でない、むらのある N01
- unit: (集合住宅の) 1 世帯分の部屋 N08
- up to: 最大で、最多で N14
- used to be: かつては〜であった N09

V

- vaccination: ワクチン接種、予防接種 N12
- visitor: 訪問者、観光客 N05
- vulnerable: 攻撃されやすい、立場の弱い N20

W

- walk through: 〜の中を歩いていく N05
- war: 戦争、戦い N05
- warm: ①温かい ②〜を温める N06
- way: ①はるかに、ずっと ②方法、やり方 N08
- wed: 結婚する(過去形・過去分詞形は wedded/wedded と wed/wed の 2 種類がある) N14
- Westminster Cathedral: ウェストミンスター大聖堂 N14
- wildlife sanctuary: 野生生物保護区 N09
- wonderland: 不思議の国、夢のように素晴らしい場所 N05

MP3音声・電子書籍版（PDF）の入手方法

本書のご購入者は、下記URLまたはQRコードから申請していただければ、
本書のMP3音声と電子書籍版（PDF）を無料でダウンロードすることができるようになります。

申請サイト URL（ブラウザの検索窓ではなく「URL 入力窓」に入力してください）
https://www.asahipress.com/cnnnl/akwi21mlb/

●スマートフォン/タブレットなどで音声再生をされる方は、App Store または
Google Play から右記の音声再生アプリを端末にインストールしてご利用ください。
●パソコンの場合は、通常お使いの音声再生ソフトをご利用ください。

［音声再生アプリ］
リスニング・トレーナー

【注意】
●PDF は本書の紙面を画像化したものです。
●本書初版第1刷の刊行日（2021年10月10日）より1年を経過した後は、告知なしに上記申請サイトを削除したりMP3音声・電子書籍版（PDF）の配布をとりやめたりする場合があります。あらかじめご了承ください。

［音声＆電子書籍版付き］
CNN ニュース・リスニング 2021［秋冬］

2021 年 10 月 10 日 初版第 1 刷発行

編　集	『CNN English Express』編集部
発行者	原 雅久
発行所	株式会社 朝日出版社
	〒101-0065 東京都千代田区西神田 3-3-5
	TEL: 03-3263-3321　FAX: 03-5226-9599
	郵便振替 00140-2-46008
	https://www.asahipress.com（HP）　https://twitter.com/asahipress_com（ツイッター）
	https://www.facebook.com/CNNEnglishExpress（フェイスブック）
印刷・製本	凸版印刷株式会社
DTP	有限会社 ファースト
音声編集	ELEC（一般財団法人 英語教育協議会）
表紙写真	Getty Images
装　丁	岡本 健 + 藤原由貴（岡本健 +）